LISA-MARIE
KOROLL

Lass
KONFETTI
FÜR DICH
regnen!

SEI GLÜCKLICH,
NICHT PERFEKT!

LISA-MARIE
KOROLL

Lass KONFETTI FÜR DICH regnen!

SEI GLÜCKLICH, NICHT PERFEKT!

Eden
BOOKS

Dieses Buch gehört:

....

Inhalts-
VERZEICHNIS

Hallo!

WIE SCHÖN, DASS DU MEIN BUCH IN DEN HÄNDEN HÄLTST.
VIELLEICHT STEHST DU JA GERADE IN DER BUCHHANDLUNG UND FRAGST
DICH, OB DIESES BUCH DAS RICHTIGE FÜR DICH IST, RÄTSELST, WAS DICH AUF
DEN NÄCHSTEN SEITEN ERWARTEN WIRD.

Dann möchte ich dich nicht länger auf die Folter spannen: Du findest hier jede Menge Spaß, ungewöhnliche Challenges und Aktionen, DIY-Hacks, ganz persönliche Geschichten und Tipps von mir und am allerwichtigsten: super viel Platz für deine eigenen Gedanken, Notizen und Ideen!

Denn dieses Buch ist nicht nur »mein« Buch, nein, es beginnt erst richtig zu leben, wenn du es mit deinen Einträgen füllst. Mach dir Notizen an den Rand, knicke Eselsohren in die Seiten, klebe Bilder hinein, stecke Erinnerungen zwischen die Kapitel – nichts ist verboten. Dieses Buch wurde nicht verfasst, um im Regal zu stehen, es wartet darauf, dass du loslegst!

Ich wünsche mir, dass es dein Wegbegleiter wird und dir nicht nur dabei hilft, etwas mehr über dich selbst herauszufinden, indem du die Challenges annimmst und dir ganz viel Zeit zum Ausfüllen lässt. Es soll in erster Linie Spaß machen und dir zeigen, wie viele Sachen du machen kannst, die dir guttun. Denn das Buch heißt nicht umsonst: *Lass Konfetti für dich regnen!* Was ich damit meine? **Feiere dich selbst, sei stolz auf dich, denn du bist wunderbar, so wie du bist!** Ich finde, das vergessen wir manchmal und versuchen, so zu sein, wie es andere Menschen von uns erwarten. Aber in Wirklichkeit kommt es nicht darauf an, was andere von uns denken, vielmehr will ich dir sagen: *Sei glücklich, nicht perfekt!*

Und damit du noch mehr Spaß mit diesem kleinen Schätzchen hast, habe ich mir den Hashtag *#lasskonfettifürdichregnen* ausgedacht. Das heißt, dass du darunter bei Instagram viele Fotos, Tipps, Erfahrungen, Rezepte und DIYs der anderen Leserinnen finden wirst. Natürlich kannst du auch deine eigenen Erkenntnisse, Ratschläge und Challenge-Ergebnisse teilen. Damit erschaffen wir gemeinsam eine superstarke *Konfetti-Community*, die sich gegenseitig unterstützt, berät, inspiriert und füreinander da ist.

Bis du neugierig geworden? Dann komm mit mir zusammen auf eine kleine »Reise« durch die Welt der 12 Kapitel dieses Buches. Bevor es losgeht, möchte ich dir aber schon mal ein dickes »Danke« sagen, dass du bereits jetzt ein Mosaikstein der Konfetti-Community geworden bist und mein Buch dadurch auch ein kleiner Teil *deines* Lebens ist. Betrachte dieses Buch und seinen Inhalt einfach als mein Geschenk an dich. So, jetzt aber genug von mir. Ich wünsche dir von Herzen ganz viel Spaß bei diesem Abenteuer!

Deine

Lisa-Marie

#lasskonfettifürdichregnen

Gib auf dich acht!

SCHENKE ALLTÄGLICHEN DINGEN WIEDER MEHR AUFMERKSAMKEIT UND LASS NICHT DEN AUTOPILOTEN DIE FÜHRUNG ÜBERNEHMEN.

*E*s gibt Momente, in denen habe ich das Gefühl, meinen Gedanken und Sorgen nicht gewachsen zu sein. Es gibt Tage, da vergesse ich ständig, was ich gerade tun wollte, bin mir nicht sicher, ob ich die Tür abgeschlossen habe, oder verliere Sachen, die ich gerade noch in der Hand hatte.

Nicht selten erwische ich mich dabei, zu viele Dinge gleichzeitig machen zu wollen oder in Gesprächen nicht richtig zuzuhören, weil ich im Kopf schon wieder woanders bin. Ich bin unachtsam, schenke den Dingen nicht meine Aufmerksamkeit oder lasse mich von meinen Hirngespinsten überrennen.

Besonders häufig passiert mir das in stressigen Momenten oder nach einer anstrengenden Woche. Ich bin gereizt, müde und furchtbar unkonzentriert. Meine Speicher sind leer und mein Körper signalisiert mir, dass mal wieder »Lisa-Zeit« angesagt wäre. Zeit, in der ich abschalte, mir eine Wanne einlasse, lese, spazieren gehe oder sonstige Dinge mache, die mir guttun. Viel effektiver und vor allem auch wichtiger wäre es jedoch, sich jeden Tag ein paar Minuten zu nehmen. Wie geht es mir heute? Warum bin ich so schlecht drauf? Wie fühle ich mich in dieser Situation?

Hör doch mal in dich hinein und finde heraus, was der Auslöser für deine Emotionen ist. Du hast einen durchgetakteten Tag? Schenke alltäglichen Dingen wieder mehr Aufmerksamkeit und lass nicht den Autopiloten die Führung übernehmen. Was hörst, riechst und schmeckst du? Was teilen dir deine Sinne mit? Die Challenges werden dir dabei helfen, gelassener zu sein, Kleinigkeiten wieder schätzen zu lernen und Momente bewusster zu erleben. Das bedeutet weniger Schlüssel, die verlegt wurden, seltener schlechte Laune und viel mehr »Ich-Zeit«.

Stück für Stück mehr innere Ruhe

Integriere eine kleine »Glücksmeditation« in deinen Alltag, das geht ganz einfach und ist dafür super wirkungsvoll: Überlege dir eine Art Mantra, also einen kurzen Satz, der dich beruhigt und stärkt. Bei mir ist das zum Beispiel: **»Alles kommt so, wie es kommen soll.«** Suche dir ein gemütliches Plätzchen, nimm ein paar tiefe Atemzüge und wiederhole diesen Satz ein paarmal im Geiste.

ANTI-WUT-TRICK:

Atmen

TIPP

Wenn du wütend auf etwas bist, lass es zu, atme dreimal tief durch oder zähle bis zehn. Erst dann reagiere auf die Situation.

Hier ist Platz für alle Dinge,

DIE DIR GERADE IM KOPF HERUMSCHWIRREN. SCHREIBE SIE AUF UND GENIESSE ANSCHLIESSEND DAS GEFÜHL DER ORDNUNG IM KOPF:

Zeit für dich

MACH DIR DEIN EIGENES KLEINES ENTSPANNUNGSRITUAL
UND SCHREIB ES HIER REIN.

LISA-MARIE:

Hier mein Rezept für ein duftendes Orangenöl, mit dem du dir morgens entweder genüsslich den gesamten Körper einölen oder es während des Tages auf deinen Nacken gestrichen immer mal wieder für einen kleinen positiven Energie-Kick nutzen kannst.

LISA'S
Orangenöl

100 ml Olivenöl
ätherisches Orangenöl
(max. 15 Tropfen)

Beide Zutaten gut miteinander mischen. Am besten gibst du nicht gleich das komplette Duftöl dazu, sondern probierst tropfenweise aus, welche Mischung du am liebsten magst. Es sollte nicht zu intensiv duften, sondern nur ganz dezent. Unterschiedliche Duftöle in guter Qualität bekommst du im Reformhaus oder Bioladen oder – noch einfacher – im Internet.

Kreiere dein eigenes duftendes Öl, zum Beispiel mit Lavendel, Rosmarin oder was du sonst noch gern magst. Bestimmt sind auch andere Mädels an deinem Rezept interessiert – mache ein Foto und teile es in der Community auf Instagram.

Hörst du richtig zu?

Nimm dir Zeit für einen Spaziergang im Wald oder in einem Park und notiere direkt, welche Geräusche du hörst und welche Dinge dir sonst so auffallen:

Dafür bin ich dankbar ...

Lege ein kleines Büchlein und einen hübschen Stift neben dein Bett und schreibe jeden Abend drei Dinge auf, für die du dankbar bist. Das können ganz kleine Sachen sein, wie der leckere Milchkaffee in der Sonne oder aber auch deine Gesundheit und die Liebe deiner Familie. So hast du immer etwas »Glückspuffer«, wenn du mal einen schlechten Tag hattest. Lies dir deine Eintragungen durch und schnell wird dein Frust schrumpfen.

WERDE ZUM ENTDECKER:

Augen auf!

TIPP

Nimm morgens einfach mal einen anderen Weg zur Schule oder Arbeit, du wirst sehen, wie viele Dinge du entdeckst, die du sonst vielleicht nie bemerkt hättest.

Sammle drei deiner Lieblingsblumen,

TROCKNE SIE UND KLEBE SIE HIER EIN:

GIB AUF DICH ACHT!

Burn it down!

Schreibe alles, was du bereust, deine momentanen Ängste und Sorgen auf ein Stück Papier und verbrenne es – du wirst sehen, wie gut das tut.

MACH WAS VERRÜCKTES:

Lass locker!

TIPP

Erinnere dich daran, was du in deiner Kindheit besonders gern gemacht hast, und tu es einfach! Renne durch den Rasensprenger, lass dich einen Hügel herunterkullern … Es schüttet Glückshormone aus und erinnert dich daran, auch einmal »locker« zu lassen.

WERDE GLÜCKLICH:

Dance like crazy

Tanze zum laufenden Radio oder deiner Lieblings-CD wild durch den Raum. Denke nicht darüber nach, ob es komisch aussieht oder ob es vor anderen peinlich wäre. Genieße die Glückshormone, die dadurch ausgeschüttet werden.

Wunderwaffe »Lächeln«

Setze dir für einen Tag eine bestimmte Intention. Zum Beispiel: Heute lächle ich jeden an, der mir begegnet – auch die Menschen, die ich nicht so gern mag. Du wirst sehen, was es für einen Unterschied macht, mit welcher Einstellung man Menschen begegnet.

Smile

GIB AUF DICH ACHT!

Höre auf dein Bauchgefühl

DEIN KÖRPER SAGT DIR GANZ GENAU,
WAS ER GERADE BRAUCHT.

Es gab eine Zeit, in der ich mir überhaupt keine Gedanken über mein Essen gemacht habe, und es gab eine, in der es zu viele waren. Mit 14 Jahren entschied ich mich dazu, kein Fleisch mehr zu essen. Eigentlich war es eher ein kleines Experiment, ein Selbsttest, wie lange ich als richtige Fleischliebhaberin es schaffen würde. Letztendlich funktionierte es sehr gut, mir fehlte nichts und irgendwie war es unter meinen Freunden auch etwas Besonderes. Drei Jahre später versuchte ich mich dann auch mal als Veganerin.

Ein Jahr lang aß ich keine tierischen Produkte. Das war etwas, was mir persönlich nicht guttat. Nicht weil mir Nährstoffe oder Mineralien fehlten, sondern weil ich noch obsessiver bezüglich meines Essverhaltens wurde. Zudem machte ich einen großen Fehler: Ich rechtfertigte mich vor mir selbst, wenn ich mal Käse aß, und fragte mich, ob ich mich überhaupt Veganerin nennen konnte! Ich ließ mir einen Stempel aufdrücken und dachte, ich müsste die Erwartungen der anderen erfüllen. Wenn ich also doch mal etwas Tierisches zu mir nahm, fiel ich aus deren Muster.

Meine Erkenntnis aus dieser Erfahrung: Niemand kann und darf darüber bestimmen, wie du dich ernähren sollst. Lass dich nicht verunsichern, wenn du Vegetarierin bist, aber plötzlich doch mal Hunger auf ein Salamibrot bekommst. Genieß es und lass dich in keine Schublade pressen. Du musst dich vor keiner Seele rechtfertigen. Dein Körper sagt dir ganz genau, was er gerade braucht. Meiner hatte irgendwann wieder Appetit auf Milch, Käse und Fleisch und genau das gab ich ihm dann auch. Ich esse, worauf ich gerade Lust habe, aber achte darauf, woher es kommt, unter welchen Bedingungen es hergestellt und wie mit Flora und Fauna umgegangen wird. »Du bist, was du isst!«, ist meine Devise, denn ich habe für mich gemerkt, dass es mir bessergeht, wenn ich mich ausgewogen und gesund ernähre. Also los geht's! Finde heraus, was dir am meisten guttut!

Intuitiv essen

Versuche, eine Woche lang nur das zu essen, worauf du Lust hast,
und höre auf, wenn du satt bist. Wie fühlst du dich?
Notiere deine Erfahrungen hier:

Blindverkostung

Bitte deine Mutter oder eine Freundin, dir Stücke verschiedener Obst- und Gemüsesorten oder auch kleine Schälchen mit Gewürzen auf einem Tisch bereitzustellen. Verbinde dir die Augen und mache eine »Blindverkostung«. Kannst du herausschmecken, was welches Obst beziehungsweise Gewürz ist? Macht doch eine kleine Challenge daraus und schaut, wer besser schmecken kann.

TIPP

INSPIRATION IST ALLES:

Instagram schafft's!

Such dir drei inspirierende Instagram-Accounts mit leckerem Essen und lass dich mit der Lust auf gesundes Essen anstecken.

1.

2.

3.

Ach, die Kindheitserinnerungen ...

Triff dich mit deinen besten Freundinnen und bekoche sie mit dem Lieblingsgericht deiner Kindheit. Tauscht euch darüber aus, welche Erinnerungen diese Gerichte bei euch wecken. Meine absoluten Lieblinge waren die Eierkuchen meiner Oma und Thüringer Klöße mit Soße.

BEWUSSTES ESSEN:

Lass dich nicht ablenken!

TIPP

Wusstest du, dass die Verdauung schon im Mund beginnt? Konzentrier dich deshalb auf dein Essen, kaue gründlich und versuche, es nicht »nebenbei« vor dem Fernseher hinunterzuschlingen. Du wirst merken, dass es deinem Körper guttut und du auch schneller satt wirst.

Erstelle eine Liste der zehn Gerichte,

DIE DU NOCH NICHT KENNST UND DIE DU IN DEN NÄCHSTEN
ZWÖLF MONATEN PROBIEREN WILLST.

1.

2.

3.

4.

5.

6.

7.

8.

9.

10.

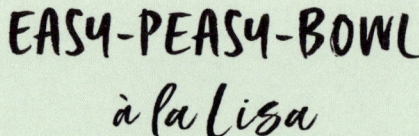

EASY-PEASY-BOWL
à la Lisa

1 Karotte, in Spalten geschnitten
und kurz angebraten
125 g Brokkoli, angebraten
150 g Couscous, gekocht
100 g Salat deiner Wahl
½ Bio-Salatgurke, in Scheiben geschnitten
100 g Rote Bete, gekocht
(aus dem Vakuumpack)
150 g Kichererbsen, gekocht (aus dem Glas)
4 EL Nusskern-Mix (z. B. Kürbis- oder Sonnen-
blumenkerne, Walnüsse, Mandeln etc.)
2 EL getrocknete Cranberrys
4 EL frische Gartenkresse
2 EL Olivenöl
Saft von ½ Zitrone
Salz und frisch gemahlener
schwarzer Pfeffer

Alle Zutaten hübsch in einer Schale anrichten
und mit dem Nusskern-Mix, Cranberrys und
Kresse toppen. Olivenöl, Zitronensaft, Salz und
Pfeffer nach Geschmack verrühren.
Das Dressing über die Zutaten in der Schüssel
geben, noch mal abschmecken und das
super gesunde Power-Food genießen!

.... 's Bowl

KREIERE DEIN EIGENES REZEPT FÜR EINE
BOWL UND NOTIERE ES HIER. MACHE EIN
FOTO DAVON UND KLEBE ES HIER EIN ODER
POSTE ES AUF INSTAGRAM.

Das esse ich am liebsten

NOTIERE DEINE DREI LIEBLINGSGERICHTE UND, WENN DU LUST HAST,
KLEBE EIN FOTO DAVON EIN.

1.

2.

3.

Klebe hier
dein Foto ein

Swap Your Lunch

Vereinbare mit einer Freundin, dass ihr euch eine Woche lang jeden Tag gegenseitig eine gefüllte Brotbox mit zur Schule bringt. Wetten, dass ein paar Dinge darin sein werden, die du noch nicht probiert hast, aber vielleicht total gern magst?

Pimp deine Lunchbox
IDEEN FÜR EINE LECKERE MITTAGSPAUSE

1. Weintrauben + Käsebrot + 1 Handvoll Nüsse

2. Möhren- und Gurkensticks mit Hummus-Dip + Brot mit Frischkäse und Tomatenscheiben + 2 Riegel dunkle Schokolade

3. Frische Beeren + herzhafter Muffin + gebratener Halloumi-Käse

4. 1 Handvoll ungesalzene Taco-Chips + Vollkornbrötchen mit Avocado + Apfelschnitze mit Nussmus bestrichen

Bist du zuckersüchtig?

Versuche fünf Tage lang keine Süßigkeiten zu essen. Wie geht es dir damit? Vermisst du etwas? Schreibe deine Erfahrungen auf.

Gesund naschen

Manchmal hat man einfach Lust auf Zucker. Wenn du nicht jedes Mal zum Schokoriegel greifen willst, such dir am besten ein paar gesunde Alternativen. Statt Süßkram schmeckt auch das hier:

1. Banane mit Erdnussmus bestrichen

2. Obstsalat aus Melone und Beeren

3. Selbst gemachter Eistee mit Minze

4. ....

5. ....

BESSERE KONZENTRATION:

Wasser marsch!

TIPP

Achte darauf, immer genug zu trinken. Nicht nur deine Haut wird es dir danken, sondern auch dein Kopf. Du wirst schnell merken, dass du dich besser konzentrieren kannst und dich fitter fühlst.

Dein Körper, dein Freund

SELBSTLIEBE IST DAS BESTE GESCHENK,
DAS DU DIR SELBST MACHEN KANNST.

*S*ie waren einfach da. Sie begannen, meinen Alltag zu kontrollieren, brachten meinen Kopf fast zum Explodieren. Diese Gedanken, die plötzlich aus dem Nichts auftauchten und noch heute in schwachen Momenten mein Denken bestimmen. Ich spreche von meiner Unsicherheit, die im Alter von 16 Jahren meine Welt auf den Kopf stellte. Mit meinen fünfzig Kilogramm fühlte ich mich von heute auf morgen nicht mehr schlank genug. Ich begann, an mir zu zweifeln, wie ich es vorher noch nie getan hatte. Sah plötzlich überall Makel, die ich verbessern und ausradieren musste. Ich begann damit, auf Kohlenhydrate zu verzichten und mehr Sport zu treiben.

Als mir das nicht mehr reichte, wog ich jede Mahlzeit ab, trug sie in ihren einzelnen Bestandteilen in eine App ein und ließ mir die Kalorien berechnen. Ich erstellte mir Essenspläne und versicherte mich mindestens viermal am Tag, wie es um mein Gewicht stand. Fressanfälle stürzten mich in ein Loch voller Gewissensbisse und Selbstrechtfertigung und so begann ich schließlich damit, mich vegan zu ernähren, um mich noch mehr einzuschränken. Das Ergebnis: Innerhalb kurzer Zeit fünf Kilo weniger auf den Rippen.

Während mein Umfeld schon längst alarmiert war, reichte mir das alles aber noch nicht. Trotz Müdigkeit, Schwäche und ständigen Frierens wollte ich krankhaft weiter abnehmen und schlug alle Bedenken und Sorgen der anderen in den Wind. Der Zwang, mich möglichst »gesund« und »bewusst« zu ernähren, machte mich krank. Nach langen Diskussionen, tränenreiche Streits und unzähligen Versuchen, mich zu erklären, erkannte ich, wie falsch meine Selbstwahrnehmung war. Ich begann, an mir zu arbeiten. Dazu gehörte auch, dass ich mich von Personen, die mir nicht guttaten, trennen musste, was mir nicht leichtfiel, im Nachhinein aber einer der wichtigsten Schritte war. Stattdessen umgab ich mich mit Menschen und Dingen, die mich glücklich machten. Trotzdem dauerte es noch ein weiteres Jahr, bis ich wieder auf mein Gefühl vertraute und aß, worauf ich Lust hatte. Ich musste wieder lernen, intuitiv zu essen. Eine Fähigkeit, die mir in der Zeit meiner Essstörung verloren gegangen war. Natürlich achte ich auch heute noch darauf, mich gesund zu ernähren, und treibe regelmäßig Sport, aber etwas Entscheidendes hat sich geändert: Ich habe gelernt, auf meinen Körper zu hören, und verstanden, dass er nicht mein Feind ist. Verstanden, dass mein Gewicht mich nicht definiert und ich nicht perfekt sein muss, um mich zu lieben. Selbstliebe ist das beste Geschenk, das du dir selbst machen kannst.

Yoga-Übung: Mach dich stark!

Stell dich mit beiden Beinen hüftweit geöffnet auf den Boden. Lass die Arme locker an den Seiten hängen und atme langsam und gleichmäßig ein und aus. Jetzt lege den rechten Fuß auf den Oberschenkel des linken Beines und versuche, die Arme zu den Seiten auszustrecken. Du kannst sie auch anwinkeln und in die Hüften stemmen. Such dir einen Punkt aus, der vor dir liegt, und konzentriere dich auf ihn – so fällt es dir leichter, das Gleichgewicht zu halten. Versuche dabei, den Rücken gerade zu halten. Wenn du genug hast, lass das Bein sinken und wechsle die Seiten. Diese Übung gibt dir Kraft, Gleichgewicht und Selbstvertrauen.

LOVE YOURSELF:

Dreh die Musik lauter!

TIPP

Hast du einen Lieblingssong? Dann dreh ihn bei dieser Challenge laut auf und tanz, wenn du Lust hast. Nimm dir deine Zeit und sei ganz bei dir.

Ich liebe meinen Körper!!!

STELL DICH SPLITTERFASERNACKT VOR EINEN SPIEGEL UND NENNE LAUT (!) ZEHN DINGE, DIE DU AN DIR MAGST.

Solltest du Dinge an dir nicht so gut finden, probier doch mal aus, wie es sich anfühlt, wenn du fünfmal wiederholst: Ich mag meine XXX. Das machst du am besten jeden Morgen. Im Gehirn wird auf diese Weise eine neue Verknüpfung geschaffen – mal sehen, wie lange es dauert, bis deine neue Einstellung ganz von allein in deinem Kopf angekommen ist …

TU DIR WAS GUTES UND NIMM DIR ZEIT,
DICH UM DEINEN KÖRPER ZU KÜMMERN!

ZITRONEN-KAFFEE-
Peeling

4 EL Olivenöl
1 EL Honig
½ TL unbehandelte Zitronenschale
2 EL Kaffeesatz

Mische alle Zutaten in einem kleinen
Schüsselchen und reibe deinen Körper von
oben nach unten in kreisenden Bewegungen
damit ab. Das kannst du auch gern vor der
Challenge (auf Seite 36) machen.

**Tipp: In ein schönes Gläschen mit
Schraubdeckelverschluss abgefüllt, ist das
Peeling auch ein tolles Geschenk für eine
liebe Freundin. Es hält sich im Kühlschrank
etwa einen Monat.**

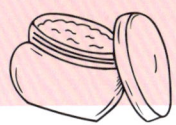

Mein glückliches Ich

KLEBE AN DIESER STELLE EIN FOTO VON DIR IN DIESES BUCH,
AUF DEM DU DICH BESONDERS GERN MAGST,
UND SCHREIBE DAZU, WARUM.

LISA-MARIE:
Bei mir war das zum Beispiel
an einem besonders schönen
Tag mit meiner Schwester.
Ich finde, man sieht richtig,
wie entspannt ich war und
wie gut es mir in ihrer
Gesellschaft ging.

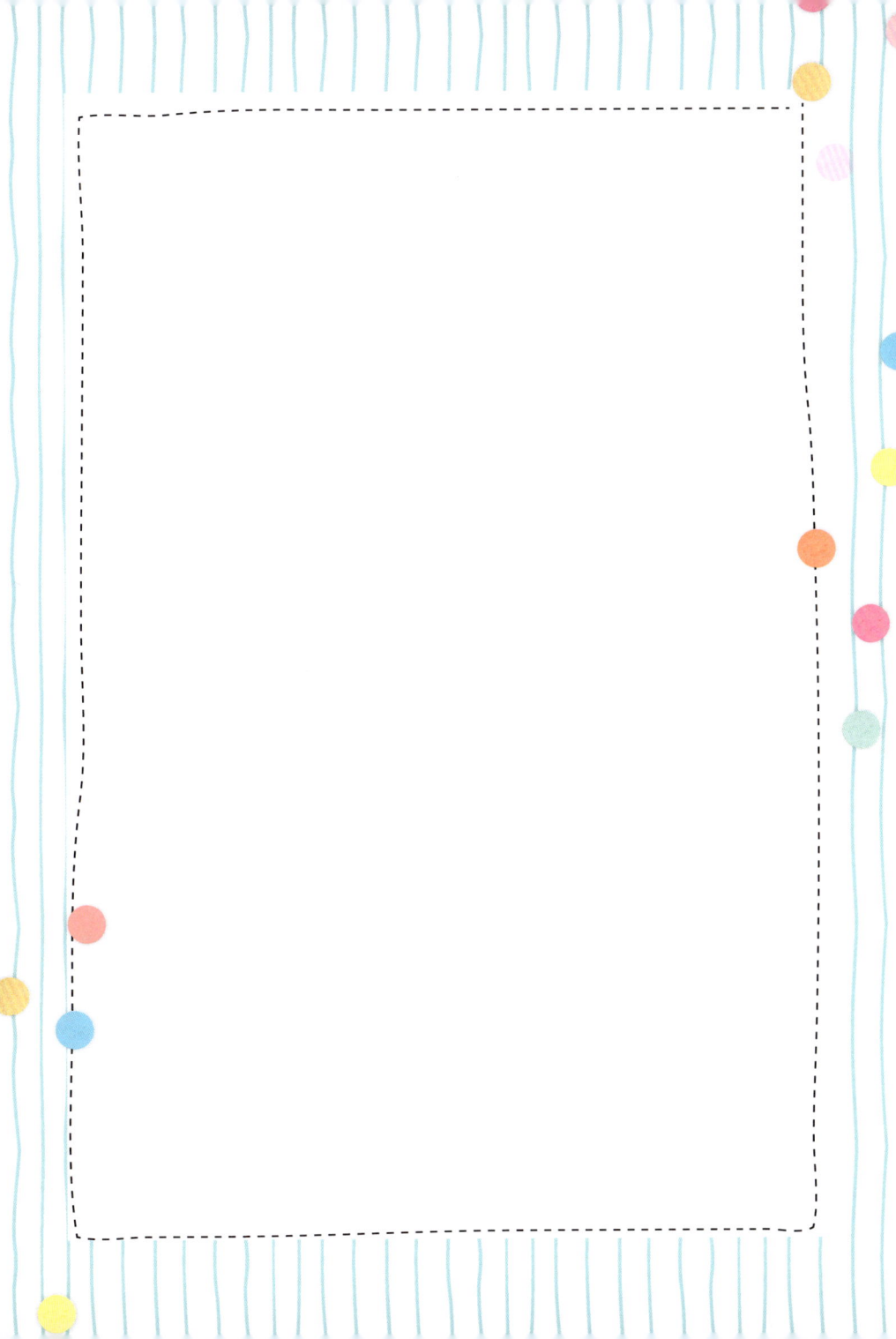

Confidence-Boost oder ein Topf voller Glück

Bitte deine Freunde oder auch deine Familie, eine Sache, die sie ganz besonders an dir mögen, auf einen kleinen Zettel zu schreiben. Such dir eine hübsche Box aus, falte alle Zettel zusammen, lege sie hinein und stelle die Box in dein Zimmer. Hast du mal einen besonders anstrengenden Tag oder geht es dir mal nicht gut, ziehe einen dieser Zettel!

Diese Punkte kannst du auch an dieser Stelle ins Buch eintragen – so vergisst du sie nie und kannst sie immer nachlesen.

Meine Schwächen sind meine Stärken

Lege eine Liste mit deinen vermeintlichen »Schwächen« an und überlege dir, was sie gleichzeitig zu Stärken macht. Zum Beispiel sagen
manche Leute von mir, dass ich manchmal etwas zu »kopfig« sei, das
heißt, dass ich mir schnell Sorgen mache. Das kann manchmal an-
strengend sein, aber es zeigt auch meine verantwortungsvolle Seite
und hilft mir, realistisch zu sein.

Super Woman:

Wähle ein Kleidungsstück aus dem Schrank aus, das du ganz besonders gern magst. Mit dem du dich immer wohl- und gut angezogen fühlst. Dies ist ab jetzt dein Power-Outfit. Hast du mal etwas Wichtiges vor, zum Beispiel eine Klausur oder einen besonderen Termin, ziehe es an und stell dir vor, dass es dir Superkräfte verleiht.

LISA-MARIE:
Mein Power-Woman-Teil ist streng genommen nicht nur ein Teil, es ist Unterwäsche. Wenn ich meine Lieblingsunterwäsche trage, dann werde ich selbstbewusster und fühle mich schön, selbst wenn ich mal einen schlechten Tag habe. Meine geheime Energiequelle quasi.

SOS-TIPP GEGEN SCHLECHTE LAUNE:

Lächeln!

TIPP

Auch wenn es sich im ersten Moment komisch anfühlt, es hilft. Stell dich einfach dreißig Sekunden vor den Spiegel und lach dich an. Dein Gehirn erhält nämlich dann die Information, dass es dir gut geht, und deine Laune bessert sich sofort.

Gute-Laune-
SMOOTHIE

2 Orangen
1 Banane
1 großer Apfel
1 Kiwi
1 Scheibe Ananas
1 Spritzer Zitrone

Einfach die Orangen auspressen und die
restlichen Zutaten klein schneiden. Alles in
einen Mixer geben. Nun gibst du den Saft der
Orangen und den Spritzer Zitrone dazu, mixt
alles noch mal kräftig durch und fertig ist der
Gute-Laune-Booster. Bei Bedarf kannst du
auch gern noch etwas Wasser
hinzufügen.

*lass es dir
schmecken!*

Zeichne und beschreibe,
WIE DU DICH SELBST ÄUSSERLICH WAHRNIMMST.

LISA-MARIE:
Ist es nicht seltsam, dass man sich selbst meistens ganz anders wahrnimmt, als das andere Menschen tun? Es kann sehr wertvoll für das eigene Selbstwertgefühl sein, sich mal durch die »Brille« eines anderen anzuschauen.

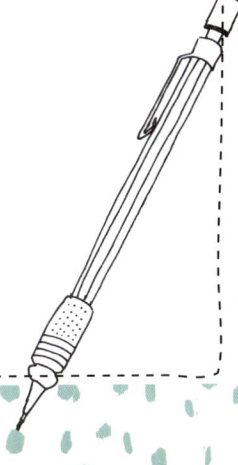

Bitte deine Mutter/ Schwester/Freundin

darum, dich ebenfalls zu beschreiben oder zu malen. Vergleiche dann deine eigene Wahrnehmung von dir selbst mit der der anderen Person. Was fällt dir auf? Wo unterscheidet es sich?

Kein Spieglein, Spieglein

*Guck drei Tage lang nicht in den Spiegel und notiere danach,
wie sich dein Selbstbild geändert hat.*

Spieglein, Spieglein ...

MEINE KLEIDUNG UND MEIN MAKE-UP LASSEN MICH JEDEN
TAG ZU EINER ANDEREN LISA WERDEN, WENN ICH DAS MÖCHTE.

*E*in kurzer Abriss aus meiner Schmink- und Mode-Evolution: Es gab die Pandabären-Phase (da war ich ungefähr 12 oder 13 Jahre alt). Schwarze Augen, zu viel Mascara, zu viel Kajal und Make-up. Zum Glück verging diese Phase sehr schnell und ich beließ es die folgenden Jahre bei Wimperntusche, Rouge und etwas Lidschatten.

So richtig natürlich sah ich aber trotzdem nicht aus, denn ich machte einen großen Fehler: Ich zupfte mir meine Augenbrauen zu dünn und als ob das nicht schon gereicht hätte, zeichnete ich sie mir dann auch sehr großzügig und dunkel nach. Diese Phase nenne ich gern »Sponsored by Nike«, denn meine Augenbrauen sahen aus wie das Nike-Häkchen. Außerdem trug ich nur noch Schwarz. Schwarze Spitze, schwarze Wollpullover, schwarze, zerrissene Hosen und so weiter. Dazu noch viel Ausschnitt und so oft wie möglich Absätze.

In der zwölften Klasse hatte ich dann nicht nur keinen Bock mehr auf die Schule, sondern auch keinen mehr auf ausgefallenes Make-up und etwas anderes als Schlabber-Pullis und gemütliche Jeans. Tatsächlich bin ich eine Zeit lang ganz ohne irgendetwas im Gesicht unterwegs gewesen und hab mich echt super damit gefühlt. Modetechnisch hat sich durch meinen Umzug nach Berlin einiges verändert. Ich bin mutiger geworden, ziehe an, worauf ich gerade Lust habe, style mich ohne einen besonderen Anlass und probiere ständig Neues aus. An einem Tag trage ich Jogginghose, am anderen Rock und High Heels. Mal superweit, mal hauteng, mal etwas mehr Ausschnitt, mal Rollkragen.

Meine Kleidung und mein Make-up lassen mich jeden Tag zu einer anderen Lisa werden, wenn ich das möchte. Sie unterstreichen, wie ich mich fühle, oder geben mir mehr Selbstsicherheit. Ich weiß mittlerweile sehr genau, was mir steht und womit ich mich wohlfühle, und trotzdem bin ich manchmal wirklich überrascht, wenn ich für Anproben Teile teste, die super aussehen, die ich selbst aber gar nicht für mich ausgesucht hätte. Also greift ruhig öfter mal zu Klamotten, die vielleicht auf den ersten Blick nicht euer Fall sind, probiert einen neuen Schnitt aus, färbt euch die Haare oder testet ein besonderes Make-up. Ihr werdet überrascht sein, was da zum Vorschein kommt.

Style-Roulette

Probiere eine Woche lang jeden Tag eine neue Frisur aus. Es gibt genug Tutorials dazu auf YouTube. Ausgefallene Flechtfrisur, edler Zopf oder einfach glatt mit Hippie-Stirnband, dir fällt sicher etwas ein.

Klebe hier dein Foto ein

AUS ALT MACH NEU:

Ganz easy!

Schau in deinen Kleiderschrank und nimm dir alte Sachen heraus. Kombiniere sie neu oder »wandle« sie um, z. B. zu kurz gewordene Jeans wird zur Shorts etc.

TIPP

Contouring wie Kim, Augenbrauen wie Cara, Lidstrich wie Ariana

Style dich wie dein Lieblingsstar, mache ein Foto davon und klebe dieses und das deines Style-Vorbilds hier ein oder poste es auf Instagram.

Klebe hier dein Foto ein

Klebe hier dein Foto ein

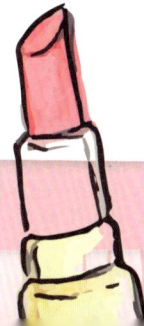

Erstelle eine Liste an »Basic«-Kleidungsstücken,

DIE DU BESITZEN WILLST UND DIE GUT ZU KOMBINIEREN SIND.

Wer sind deine Style-Ikonen und warum?

Überlege dir drei Beauty-Must-haves,

OHNE DIE DU NICHT MEHR AUSKOMMST UND DIE DU DEINEN FREUNDINNEN EMPFEHLEN WÜRDEST.

1.

2.

3.

LISA-MARIE:
Mach's wie Taylor Swift und trage roten Lippenstift! Gerade wenn du nicht gut drauf bist oder dich müde fühlst. Die Farbe gibt dir einen sofortigen Frischekick!

Frischer Wind im Kleiderschrank

Bitte eine Freundin, die einen ganz anderen Kleidungsstil hat als du, mit dir shoppen zu gehen. Sucht euch gegenseitig Teile heraus und probiert sie an. Dadurch findest du vielleicht Sachen, die du niemals von selbst ausgewählt hättest, und bekommst Inspiration für deinen eigenen Style.

GUTES FARBGEFÜHL:

Lass dich beraten!

TIPP

In den meisten Parfümerien kann man sich umsonst oder für kleines Geld beraten lassen, welcher Hauttyp man ist und welche Farben einem am besten stehen. Diese Zeit zu investieren, lohnt sich!

Für den Fall der Fälle immer parat

Stelle eine Liste mit drei Notfall-Outfits zusammen und trage sie hier ein. Auf sie kannst du zurückgreifen, wenn dir mal partout nicht einfallen will, was du anziehen könntest.

1.

2.

3.

Trinke dich schön:
GESUNDE BEERENLIMO

1 Handvoll Beeren deiner Wahl
(Himbeeren, Brombeeren, Erdbeeren etc.)
2 Minzezweige
2 Scheiben Bio-Zitrone
1 l Mineralwasser

Gib Beeren, Minze und Zitrone in einen Glas-
krug und gieße mit dem Mineralwasser auf.

**Das sieht nicht nur superschön aus, sondern
schmeckt auch lecker – gerade im Sommer.
Natürlich kannst du auch andere Kombis
zusammenstellen: Gurkenscheiben und
Koriander, Mango und Rosmarin, Limette,
Rohrzucker und Zitronengras, Ingwer
und Honig …**

Experiment Mustermix:

WELCHE KLEIDUNGSSTÜCKE AUS DEINEM KLEIDERSCHRANK – GESTREIFT, GEBLÜMT, GEPUNKTET – PASSEN ZUSAMMEN UND ERGEBEN EIN NEUES COOLES OUTFIT? NOTIERE DIE KOMBIS.

Wer hat's stylemäßig am besten drauf?

KYLIE JENNER

SELENA GOMEZ

GIGI HADID

RIHANNA

BELLA HADID

KATY PERRY

KENDALL JENNER

EMILY STRANGE

LISA SIMPSON

Zaubere dein schönstes Ich hervor

1. Im Alltag brauchst du kein Make-up. Greife lieber zur getönten Tagescreme.

2. Wenn du mal unreine Haut hast, grundiere dein Gesicht mit getönter Tagescreme und decke die Pickel lieber nur punktuell ab – denn viel hilft nicht immer viel.

3. Benutze immer eine Feuchtigkeitscreme und massiere sie gut ein, bevor du dich schminkst, das schafft eine gute Basis.

4. Ein Hauch (!) Rouge auf den Wagen lässt dich sofort fitter aussehen. Den meisten Hauttypen steht ein leichter Rosenholzton.

5. Hab in jeder Tasche getönte Lippenpflege. Sie versorgt deine Lippen mit Feuchtigkeit und verhindert, dass sie austrocknen. Außerdem schenkt sie ihnen einen natürlichen Glanz.

PROTECT YOUR SKIN:

Trag Sonnenschutz!

TIPP

Trage immer Tagescreme mit integriertem Sonnenschutz. Auch wenn du jetzt noch jung bist, deine Haut wird es dir später danken.

Love is in the air ...

WENN DU MIT DIR IM REINEN BIST, DANN WIRD AUCH
DEINE BEZIEHUNG GLÜCKLICH SEIN.

Ach ja, die Liebe. Liebe, Liebe, Liebe. Sie lässt dich himmelhoch jauchzen, dümmlich grinsend umherlaufen, verrückte Gedanken spinnen und nachts vor Aufregung nicht schlafen. Das ist die eine Seite. Leider kann sie aber auch verdammt wehtun, dir dein Herz brechen und dich verrückt machen. Nichts ist schlimmer als Liebeskummer. Ein Zustand, der dich auffrisst, eine dumpfe Leere zurücklässt und dich immer wieder zum Weinen bringt.

Leider hab ich kein Geheimrezept für die perfekte Beziehung und auch noch nicht verstanden, wie die Liebe eigentlich funktioniert (Versteht es überhaupt jemand?). Ich kann nur neue Erfahrungen machen, aus meinen »Fehlern« lernen. Mit 15 Jahren wollte ich zum Beispiel etwas ganz anderes, als ich jetzt möchte. Ich war manchmal zu stur, zu verständnisvoll oder zu zickig, manchmal auch zu nett, hab zu viel oder zu wenig gegeben, hab verletzt und wurde selbst verletzt. Ich hatte häufig Hemmungen, meine eigene Meinung zu vertreten, wenn sie eine andere war als die meines Freundes. Tja, das gehört alles dazu. Mittlerweile habe ich aber drei Regeln:

1. Ich muss ehrlich zu mir selbst sein. Muss ich zu viele Kompromisse eingehen? Stört es ihn zum Beispiel, wenn ich am Wochenende Zeit mit einer Freundin verbringe statt mit ihm? Tut mir mein Freund doch nicht so gut, wie ich eigentlich dachte? Geht es mir vielleicht allein besser als mit ihm? Wenn mich eine Situation unglücklich macht, muss ich entweder etwas daran ändern oder mich davon befreien.
2. Ich bleibe ich. Ich darf mich niemals verstellen, um jemand anderem zu gefallen oder ihn glücklich zu machen. Soll ich mich plötzlich in High Heels quetschen, obwohl ich eher der Sneaker-Typ bin? Genauso wenig sollte ich mich für meine Gefühle rechtfertigen müssen.
And last but not least:
3. Ich kenne meinen Wert. Ich weiß, was ich verdiene, wer ich bin und wie ich behandelt werden will.

Manchmal fällt es mir selbst schwer, die Regeln zu befolgen, aber es ist der größte Gefallen, den ich mir selbst tun kann. Denn wenn du mit dir im Reinen bist, dann wird auch deine Beziehung glücklich sein.

Liste auf, was dir an einem/r Partner/in wichtig ist:

1. Er/sie hört mir zu

2. Er/sie geht respektvoll mit mir um und achtet meine Meinung

3. Er/sie interessiert sich für meine Hobbys

4.

5.

6.

7.

Das erste Mal
Schmetterlinge im Bauch

Sprich mit deiner Mama und frag sie, wie
es sich angefühlt hat, als sie zum ersten Mal
verliebt war.

MACH DICH UNABHÄNGIG:

TIPP

Omi hat recht!

Manchmal ist Omas Tipp »Willst du gelten, mach dich selten« gar
nicht so dumm. Das hat nichts mit Spielchen zu tun, aber man wirkt
schnell uninteressant, wenn man immer verfügbar ist und geradezu
darauf »lauert«, dass der andere Zeit hat. Sich eigene Hobbys und
Freunde zu suchen, macht dich entspannt und unabhängig.

So soll die Liebe sein

STELL DIR VOR, DU HAST EINE TOCHTER. SCHREIBE IHR EINEN
BRIEF MIT WÜNSCHEN FÜR IHRE BEZIEHUNG:

Erstelle eine Liste mit Ideen für ein erstes Date.

ÜBERLEGE AUCH, WAS IHR TUN KÖNNT, WENN IHR KNAPP BEI KASSE SEID. ZUM BEISPIEL PICKNICK IM PARK, FAHRRADTOUR AN DEN SEE ...

Kleine Liebesgeschenke, die glücklich machen

1. Lass eine Tasse bedrucken mit Fotos eurer schönsten Momente.

2. Backe eine herzförmige Pizza mit seinem/ihrem Lieblingsbelag und schenke sie ihm/ihr in einem echten Pizzakarton.

3. Geh mit ihm/ihr in einen Kinofilm, den er/sie unbedingt sehen will, auch wenn er nicht unbedingt auf deiner Wunschliste steht.

4. Steck ihm/ihr vor einer wichtigen Prüfung eine kleine Motivationsbotschaft in die Tasche.

5. Schenk ihm/ihr einen »Boyfriend/Girlfriend-Tag«, an dem nur gemacht wird, was er/sie sich wünscht.

Wer gehört zusammen?

Whitney Houston	Baby
Beyoncé	Little Things
One Direction	I Will Always Love You
Justin Bieber	Love Story
Taylor Swift	Crazy in Love

Der ultimative Frust-Killer:

Schnapp dir ein altes Kissen, schreibe mit Filzstift den Namen deines Exfreundes/deiner Exfreundin darauf und lass deine ganze Wut am Kissen heraus. Schreien, schlagen, toben, alles ist erlaubt!

DAS BESTE REZEPT:

Lenk dich ab!

TIPP

Wenn du nachts vor Liebeskummer wach liegst, ist Ablenkung das Beste. Leg ein entspannendes Hörspiel ein oder nimm dir dein Lieblingsbuch und lass dich ganz in die Geschichte hineinziehen.

LIEBESKUMMER-
Cookies

150 g weißer Zucker
150 g brauner Zucker
250 g Butter
(geschmolzen, aber nicht heiß)
1 EL gemahlene Vanille
2 Eier
2 TL Salz
250 g Mehl
1 TL Backpulver
80 g Kokosraspeln
350 g Schokostückchen

Den Backofen auf 180 °C vorheizen. In einer Schüssel beide Zuckersorten und die Butter verrühren. Unter Rühren nach und nach Vanille und Eier zugeben. In einer zweiten Schüssel einen Teelöffel Salz gut mit Mehl und Backpulver mischen. Anschließend die trockenen Zutaten langsam unter die feuchten Zutaten rühren. Kokosraspeln und Schokolade unterheben.

Die Teigmasse portionsweise (jeweils ein Esslöffel) auf ein mit Backpapier ausgelegtes Backblech geben. Etwas Salz darüberstreuen, das gibt ihnen einen zusätzlichen Kick. Etwa zehn Minuten im vorgeheizten Backofen backen, dann sind sie perfekt!

Dazu passt super ein Glas Milch.

Girls Night

Was sind deine liebsten Liebesfilme? Trage sie ein und such dir einen aus. Veranstalte eine Girls Night mit deinen besten Freundinnen und lade sie zum Filmschauen ein – mit allem, was dazugehört: Snacks, Eis, kühle Getränke und natürlich Taschentücher!

LISA-MARIE:
Wisst ihr, was noch lustiger wäre? Macht einen Themenabend zu eurem Lieblingsfilm, zum Beispiel *Dirty Dancing*, und serviert Wassermelonen-Snacks und probiert zum Spaß die Hebefigur aus der Schlussszene.

Poste ein Selfie von eurer Girls Night und klebe es hier ein.

LOVE IS IN THE AIR . . . .

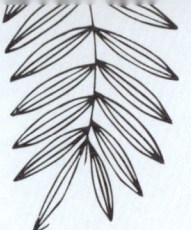

Hello, Social Media

LIKES UND FOLLOWER BRINGEN UNS
IM »ECHTEN« LEBEN NICHT WEITER.

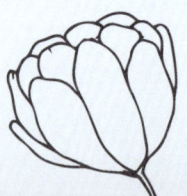

*W*enn ich dich fragen würde, wer du bist, was dich ausmacht oder wie du über bestimmte Dinge denkst, könntest du mir auf alle Fragen sofort antworten? Wer bist du im Internet? Welche Person stellst du auf Instagram, Facebook und all den anderen Social-Media-Kanälen dar? Nicht so einfach zu beantworten, oder?

Meine öffentlichen Profile geben viel Einblick in mein Privatleben, stellen gleichzeitig aber auch ein weiteres Arbeitsmedium für mich dar. Ich hab mir lange Zeit Gedanken gemacht, wie ich meinen Feed gestalten möchte, wie viel ich von mir preisgebe und ob ich mich in all den Posts wiederkenne. Wenn man durch all die Bilder scrollt, die einem so vorgeschlagen werden, kann man sich leicht in der perfekten Welt der durchtrainierten Körper und Photoshop-gepimpten Leute verlieren. Ich bin wirklich ein großer Fan von Instagram. Es ist eine tolle Plattform, um sich gegenseitig an seinem Leben teilhaben zu lassen, aber genauso gefährlich ist es auch, denn oft ist es schwierig, hinter die gestellte Fassade der Bilder zu blicken. Man beginnt, sich an Körperidealen zu orientieren, die entweder jeden Tag ein hartes Training und einen strikten Ernährungsplan erfordern oder in Wirklichkeit nicht echt sind, weil sie bis zum Geht-nicht-mehr bearbeitet worden sind. Und plötzlich erscheint einem das eigene Leben so unglaublich langweilig, weil man nicht auch ständig durch die Welt reist oder morgens nur ein Marmeladenbrot statt einer super gesunden, chic zurechtgemachten Smoothie-Bowl isst. Irgendwie kann Instagram dann also auch ganz schön unter Druck setzen.

Für mich war es eine Zeit lang sehr schwierig, herauszufinden, was ich alles posten möchte und was nicht. Will ich meine Freunde und Familie zeigen? Poste ich Bikini-Bilder aus dem Urlaub oder nicht? Beziehe ich zu bestimmten Ereignissen Stellung? Letztendlich muss jeder diese Fragen für sich beantworten können. Mein öffentlicher Account ist auch mein privater und ich möchte echte, spontane, schöne, aber auch weniger schöne Momente aus meinem Leben teilen. Ich habe meine Balance gefunden und weiß mittlerweile, wie viel ich zeigen möchte. Wichtig ist nur, dass man eines weiß: Gepostet könnte es – wenn dein Profil nicht privat ist – jeder sehen. Deswegen lohnt es sich vor dem Klick, ein zweites Mal zu überlegen. Und man muss sich darüber bewusst sein, dass die Reaktionen vielleicht nicht immer so positiv ausfallen, wie man es sich gewünscht hätte. Aber wenn wir doch mal ganz ehrlich zu uns sind, dann bringen uns Likes und Follower im echten Leben nicht weiter. Sie definieren uns nicht, sagen nichts über unseren Charakter aus und machen uns nicht besser oder minderwertiger als alle anderen. Leg das Handy also ab und zu auch mal aus der Hand und genieße einfach den Augenblick – und zwar ganz ohne ihn mit der virtuellen Welt zu teilen.

Online-Detox

Nutze drei Tage lang dein Handy nur, um zu telefonieren, wenn es notwendig ist. Verzichte bewusst darauf, Instagram oder Facebook zu nutzen. Schreibe auf, wie es dir damit ergangen ist.

Das Mysterium Snapchat

Erkläre einem Erwachsenen, wie Snapchat
funktioniert!

Die schönsten Momente

Frag deine Oma nach ihren Lieblingsfotos
und digitalisiere sie. Mach einen Kalender für
sie daraus. Such das schönste Foto von euch
beiden aus und klebe es an dieser Stelle als
Erinnerung ein.

Meine Selfie-Tipps:

1. Achte auf gutes Licht. Tageslicht ist immer am besten. Auf keinen Fall mit Gegenlicht fotografieren.

2. Probiere verschiedene Posen und Blicke aus, aber verzichte auf Duckface etc.

3. Wen oder was erkennt man im Hintergrund? Nicht dass das halbe Netz sieht, dass in deinem Zimmer gerade das größte Chaos herrscht oder deine Schwester sich im Hintergrund die Zähne putzt.

4. Pimp dein Selfie mit verschiedenen Filtern. Einige Filter bewirken fast Wunder und lassen dich wacher, brauner oder einfach noch schöner aussehen.

Check deine Privatsphäre-Einstellungen:

Wer kann alles deine Inhalte sehen?
Wer kann was auf deinem Profil posten?
Wer kann dich kontaktieren?

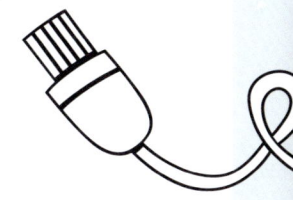

#nafälltdirwasein

Finde einen Hashtag, den es noch nicht gibt.
Aber ohne Rechtschreibfehler!

Insta-Exchange

Tausche einen Tag mit deiner besten Freundin den
Instagram-Account.

Herzchen, Affe oder Lach-Smiley?

Vergleiche die Liste der von dir am häufigsten verwendeten Emojis mit der deiner Freundin.

DAS SCHAFFT KLARHEIT:

TIPP

Streite nicht am Handy!

Kläre Streitigkeiten niemals per SMS oder WhatsApp, sondern immer persönlich. Auf diesen Kanälen kann es so leicht zu Missverständnissen kommen, die sonst niemals aufgetaucht wären.

Ein tierischer Tag

Gib dem heutigen Tag ein Maskottchen, male es und poste es.

Einfach mal »oben ohne«

MACHE EIN NO-MAKE-UP-SELFIE UND POSTE ES.
DU KANNST ES AUCH HIER EINKLEBEN:

STAY *inspired*

Bereinige deinen Instagram-Feed

Lasse wirklich nur die Kanäle übrig, die dir einen echten Mehrwert bringen. Du wirst sehen, wie viel unnützes Zeug deine Zeit verschwendet.

VERSCHAFF DIR ÜBERBLICK:

Abonnniere Online-News!

TIPP

Damit du neben den ganzen Katzenvideos und Memes auch noch auf dem Laufenden bist, was in der Welt los ist, kannst du auf Facebook die News von verschiedenen Tageszeitungen abonnieren. So bist du, ohne lange lesen zu müssen, immer up to date.

Brieffreundschaft 2.0

Suche dir in Social Media einen Freund aus
einem völlig fremden Land und frag ihn,
wie es ihm geht.

Was bewegt Sie?

Such dir eine Politikerin auf Social Media,
folge ihr und stelle ihr drei Fragen zu ihrer Arbeit.

Traust du dich?

Reiche dein Lieblingsfoto bei einem Fotowettbewerb ein.
Bist du so mutig?

Klebe hier
dein Foto ein

Überlege, welches deine liebsten YouTube-Kanäle sind, und liste sie hier auf:

1.

2.

3.

4.

5.

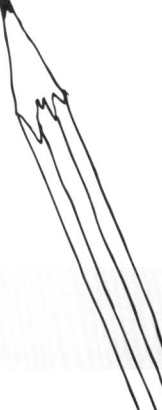

Ein besonderes Geschenk

Denke dir eine digitale Schnitzeljagd für deine beste Freundin aus und schenke sie ihr zum Geburtstag. Zum Beispiel könntest du Fotos von bestimmten Orten auf Instagram posten und deine Freundin so auf die Spur bringen. Dort ist jeweils ein Zettel mit einem Hinweis auf ein Lösungswort für sie deponiert, z. B. beim Barista eures Lieblingscafés oder in ihrem Spind in der Schule. Wenn sie das Wort erraten hat, winkt eine große Belohnung als Geburtstagsgeschenk. Vielleicht fällt dir ja auch noch eine andere Variante ein?

Ab und zu ein Danke

Mach ein schönes Video: Sage deiner Freundin/deinen Eltern/deinen Geschwistern mal ganz ohne besonderen Grund danke, dass sie da ist/sind, und schick es ihr oder ihnen.

#lasskonfettifürdichregnen

Jetzt ist deine eigene Kreativität gefragt: Überleg dir eine Instagram-Challenge, die du mit der Konfetti-Community teilst.

Komm spielen!

MEINER MEINUNG NACH SOLLTE MAN BEI ALLEM,
WAS MAN TUT, ZU HUNDERT PROZENT DABEI SEIN.

Meine Freizeit bestand lange Zeit daraus, mich um ein fünfhundert Kilogramm schweres Geschöpf zu kümmern. Stall ausmisten, putzen, satteln, füttern und reiten. Jeden Tag verbrachte ich ungefähr drei bis vier Stunden bei meinem Pferd. Für mich war es der perfekte Ausgleich zur Schule, denn wenn ich im Stall war, verlangte das meine volle Aufmerksamkeit. Ich musste Verantwortung für ein Lebewesen übernehmen, dessen Wohlbefinden in meinen Händen lag. Nicht nur die Ausritte und das Arbeiten mit dem Pferd machten mir Spaß, sondern auch das ganze Drumherum.

Leider kam für mich aber nach drei Jahren der Punkt, an dem ich mich entscheiden musste. Aufgrund der Schule, der Dreharbeiten nebenher und auch, weil ich zum ersten Mal einen Freund hatte, wurde ich meinem Pferd nicht mehr gerecht und kam kaum noch dazu, mich um es zu kümmern. Das machte keinen von uns glücklich und ich entschied mich unter Tränen und mit schlechtem Gewissen dazu, es in neue Hände zu geben. Die Zeit danach ging nur noch für die Seminarfacharbeit, Lernen, Abiturvorbereitungen und fürs Drehen drauf.

Wenn ich heute mal nicht arbeiten muss und freie Zeit habe, verbringe ich sie meistens beim Sport, treffe mich mit Freunden zum Essen oder gehe aus. Da ich kein Fan von Fitnessstudios bin und viel Motivation brauche, hat es lange gedauert, bis ich wieder etwas für mich entdeckt habe, das mir richtig viel Spaß macht. Mittlerweile gehe ich mehrmals wöchentlich in ein Studio, in dem man Kurse auf dem Fahrrad belegen und in dem ich auch Yoga und verschiedene Work-outs machen kann. Meiner Meinung nach sollte man bei allem, was man tut, zu hundert Prozent dabei sein, den Ehrgeiz haben, besser zu werden, und – das Wichtigste – echte Freude daran finden. Dabei ist es völlig egal, ob du Fußball oder ein Instrument spielst, schwimmst, zeichnest oder handwerkst. Wichtig ist nur, dass du dem mit Leidenschaft nachgehst und es dich glücklich macht!

Eure Lieblingsstreifen

Frage drei Menschen, die du magst, welche Filme sie dir empfehlen. Schau sie dir an.

AUF DEN HUND GEKOMMEN:

»Leih« dir ein Tier!

Wenn du Lust auf Kontakt mit Tieren hast, aber selbst nicht die Möglichkeit, eines zu halten, gibt es tolle Alternativen: Reitbeteiligung, Gassirunden mit Tieren aus dem Tierheim oder Pflege der Tiere von Nachbarn oder Freunden. Auch Tierpatenschaften kann man übernehmen. Schau einfach mal im Internet.

Go crazy!

GEWÖHNE DIR AN, EINMAL AM TAG ETWAS VERRÜCKTES ZU MACHEN, UND SAMMLE IDEEN:

1. Nimm nur Kleidungsstücke aus dem Kleiderschrank deines Papas/Bruders/Freundes und trag sie in der Schule.

2. Stehe um fünf Uhr morgens auf und sieh dir den Sonnenaufgang an.

3. Klingle mitten in der Nacht eine Freundin/einen Freund aus dem Bett und sage: Ich stehe vor deiner Tür.

4.

5.

Ich, die Chefköchin

DENKE DIR EIN THEMA AUS UND ERFINDE EIN EIGENES REZEPT. MACH ES ZUR CHALLENGE MIT DEINEN FREUNDINNEN, MACHT EIN FOTO VON EUREN KREATIONEN UND POSTET DIE FOTOS IM NETZ.

91

Liste deine aktuellen Lieblingssongs auf.

1.

2.

3.

ÖFTER MAL WAS NEUES:
Perspektivwechsel!

TIPP

Probiere mal aus, wie dein Zimmer wirkt, wenn du die Möbel verrückst. Oft hat man dann eine ganz neue Perspektive im Raum.

Aktion »Pimp dein Zimmer«:

DIY-IDEEN, DIE SCHNELL GEHEN UND EINDRUCK MACHEN:

1. Kaufe dir eine Lichterkette und versehe die Abstände dazwischen mit Fotos deiner Liebsten. Dazu kannst du einfaches Masking-Tape verwenden.

2. Beklebe eine weiße oder farbige Papierlampe, die es in fast jedem Einrichtungsladen oder auch online gibt, mit Federn, bunten Stoffblumen oder Klebepunkten.

3. Bastle dir ein Regal aus alten Weinkisten. Du kannst beliebig viele stapeln und mit Holzleim verkleben. Bunt angemalt wird schnell eine außergewöhnliche Aufbewahrungsmöglichkeit daraus.

4.

5.

6.

Schnapp dir ein paar Buntstifte

UND GESTALTE DIESES MANDALA NACH DEINEM GESCHMACK. DAS ENTSPANNT
UND MACHT DICH GLEICHZEITIG KREATIVER!

Handarbeiten schafft's!

TIPP

Wie wär's mal mit einem Hobby,
das schon deine Oma gut fand?
Sticken, stricken, häkeln, töpfern
… das macht super viel Spaß
und hat den tollen Nebeneffekt,
dass all diese Beschäftigungen
stressabbauend wirken.

Wie wär's mal mit Kickboxen?

Probiere in den nächsten sechs Monaten drei neue
und verschiedene Hobbys aus.

Yeah, Konfetti-Community!

Trommle über die Konfetti-Community Leute zusammen und nehmt euch vor, am Wochenende gemeinsam den Müll im Park wegzuräumen.

GEMEINSAM SEID IHR STARK:

Suche dir ein »Tandem«!

TIPP

Wenn du eine neue Sprache lernen oder deine schulischen Leistungen verbessern möchtest, such dir eine/n nette/n Muttersprachler/in und trefft euch als »Lerntandem«. Das heißt, wenn zum Beispiel dein Englisch besser werden muss, solltest du mit der Person immer Englisch reden und sie mit dir Deutsch. Zusammen könnt ihr in eurer Freizeit tolle Sachen unternehmen und dabei auch noch lernen!

KOMM SPIELEN!

Lisas
EINHORN-PANCAKES

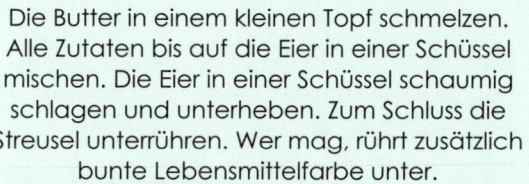

Für 5 Pfannkuchen
35 g Butter,
plus etwas Butter zum Ausbacken
200 g Mehl
½ TL Backpulver
2 EL Zucker
280 ml Buttermilch
3 Eier
3–4 EL bunte Streusel
Lebensmittelfarbe nach Belieben

Die Butter in einem kleinen Topf schmelzen.
Alle Zutaten bis auf die Eier in einer Schüssel
mischen. Die Eier in einer Schüssel schaumig
schlagen und unterheben. Zum Schluss die
Streusel unterrühren. Wer mag, rührt zusätzlich
bunte Lebensmittelfarbe unter.
Eine Pfanne erhitzen und mit ganz wenig
Butter ausstreichen. Portionsweise den Teig in
die Pfanne geben und drei bis vier Minuten
zu Pfannkuchen ausbacken Nach ein paar
Minuten wenden und auch die andere Seite
fertig backen.

Die unterschiedlich farbigen Pancakes
abwechselnd auf Teller stapeln und die
bunten Streusel darüber verteilen.
Wer mag, serviert noch Beeren oder
Vanillesauce dazu.

Money,
money, money

WICHTIG IST EINFACH, EINE GUTE BALANCE ZWISCHEN
GELD AUSGEBEN UND GELD VERDIENEN ZU FINDEN.

*D*as erste Mal vor der Kamera stand ich mit sieben Jahren. Dass ich damit auch schon mein eigenes Geld verdiente, war mir ziemlich egal. Wichtiger war mir der Spaß, den ich bei den Dreharbeiten hatte. Auch wenn viele Klassenkameraden plötzlich dachten, ich würde im Reichtum schwelgen, hat sich privat nicht viel verändert. Meine Gage landete nämlich sofort auf einem Konto, das meine Eltern für mich eingerichtet hatten.

Tatsächlich hatte ich, bis ich 18 Jahre alt war, keinen direkten Zugriff auf das Geld. Natürlich habe ich mich damals das ein oder andere Mal darüber aufgeregt, aber im Endeffekt bin ich froh darüber, dass meine Eltern die Situation so gehandhabt haben. Wenn ich mir unbedingt etwas kaufen wollte, habe ich Zeitungen ausgetragen, in Restaurantküchen geholfen oder gekellnert. Auf diese Art und Weise habe ich gelernt, sparsam zu sein und den Wert des Geldes zu schätzen.

Auch heute hat sich daran nicht viel geändert. Ich muss meine Miete bezahlen und alle sonstigen Kosten, die über den Monat so anfallen, abdecken. Ich überlege lange, bevor ich die Entscheidung treffe, so etwas Teures wie ein neues Handy zu kaufen. Tatsächlich muss ich mich sogar ab und zu dazu zwingen, mir auch mal etwas zu gönnen.

Am allerwichtigsten ist meiner Meinung nach, eine gute Balance zwischen Geld verdienen und Geld ausgeben zu finden. Das gilt auch für das Taschengeld. Teile dir deine Kohle gut ein, damit du nicht in der Mitte des Monats schon pleite bist und Freunde oder Eltern anpumpen musst.

Damit das nicht passiert, hab ich auf den folgenden Seiten ein paar Tipps und Challenges für dich zusammengetragen, mit denen es dir super leicht fallen wird, an Geld zu kommen und auch den Überblick über deine Finanzen zu behalten.

Notiere dir drei größere Wünsche

UND ÜBERLEGE DIR, IN WELCHEM ZEITRAUM UND WIE DU DEIN SPARZIEL ERREICHEN WILLST. SCHREIBE KONKRETE MASSNAHMEN HIER AUF:

Raus damit!

Nimm dir deinen Schrank vor und überlege, welche Sachen du im letzten Jahr nur ein- oder zweimal getragen hast. Lege sie heraus und überlege, wem du damit noch eine Freude machen kannst. Entweder du spendest oder du verkaufst sie auf dem Flohmarkt oder auf Platt-formen wie Kleiderkreisel.

TIPP

ERFÜLL DEINEN WUNSCH:

Spare Kleingeld!

Spare jede Woche fünfzig Cent in einer extra Spardose. Nutze dieses Geld, um dir zwischendurch mal einen kleinen Extra-Wunsch zu erfüllen.

Schon wieder pleite?

Notiere eine Woche lang, wofür du Geld ausgibst. Was gönnst du dir und warum? Wo solltest du sparsamer sein?

Hilfe gesucht?

Frage in deiner Nachbarschaft oder unter den Freunden deiner Eltern herum, ob jemand Hilfe gegen Taschengeld braucht, zum Beispiel beim Babysitting, Hunde ausführen, Rasen mähen, Wäsche bügeln, einkaufen gehen …

BEHALTE DIE KONTROLLE:

Überwache deine Finanzen!

TIPP

Verliere nicht den Überblick über deine Finanzen, sodass du kein Geld ausgibst, das du nicht hast. Zur Kontrolle gibt es auch hilfreiche Apps. Wenn du die Möglichkeit für einen Dispo auf dem Konto hast, schaffe ihn ab, damit du gar nicht erst in Versuchung kommst.

MONEY, MONEY, MONEY

Geld allein macht eben auch nicht glücklich

Denke an deine schönsten Erlebnisse, solche, die dir am ehesten in Erinnerung geblieben sind, und schreibe sie auf. Welche davon waren nicht mit Geld zu bezahlen?

Kleine Motivationshilfe gefällig?

Poste als Motivation ein Foto von einem deiner großen Wünsche, zum Beispiel deine Traum-Turnschuhe oder das Album deiner Lieblingsband. Und freue dich darauf, das Foto zu posten, auf dem du deine neuen Goldschätze trägst! Klebe die Fotos auch hier ein.

*Klebe hier
dein Foto ein*

Stichwort: Secondhandladen, Flohmarkt etc.

Erstelle eine Liste der Möglichkeiten, wie du ausgemistete Bücher, Klamotten, CDs etc. loswerden und dabei noch Geld verdienen kannst.

Seid ihr flüssig?

Sprich mit einem Lehrer über Ideen zum Geldsammeln. Zum Beispiel könntest du mit deinen Freunden einen Kuchenbasar organisieren, um Geld für einen Schulausflug oder neue Bücher für die Klassenbibliothek zu sammeln.

FÜLL DIE SPARDOSE:

TIPP

Streiche Coffee to go!

Kaufe dir einen wiederverwendbaren To-go-Becher für deinen Tee oder Kaffee und nimm dir dein Getränk von zu Hause mit. Wenn ein Kaffee im Durchschnitte drei Euro kostet, sparst du pro Schulwoche 15 Euro, das sind im Monat stolze sechzig Euro. Was kann man damit nicht alles anfangen?

Lieblingsmenschen & ich

MEINE FAMILIE MACHT EINEN UNBESCHREIBLICH
WICHTIGEN TEIL VON MIR AUS.

eine Familie war für mich schon immer das Wichtigste. Besonders während der Dreharbeiten oder wenn ich lange weg war, fehlten sie mir unwahrscheinlich. Sie haben schon immer unglaublich viel für mich getan – und das ist auch immer noch der Fall. Nicht nur einmal wurden Urlaube verschoben oder fanden erst überhaupt nicht statt, freie Zeit wurde dafür geopfert, mich stundenlang zu Castings und Events durch Deutschland zu fahren. Nicht selten durften sich meine Eltern dann als Dank auch noch meine Zickereien anhören. Trotzdem kann ich immer auf sie zählen. Niemals hat mich einer von ihnen im Stich gelassen. Sie stehen hinter mir und unterstützen mich in allem, was ich tue.

Und auch meine Schwester, die oft zurückstecken musste, war und ist immer für mich da. Natürlich streiten wir uns auch, sind oft unterschiedlicher Ansichten, aber ich bin so froh, dass ich sie habe. Meine Familie macht einen unbeschreiblich wichtigen Teil von mir aus. Bei ihnen kann ich ich selbst sein, muss nicht die beste Version von mir präsentieren, kann ohne Bedenken sagen, was ich denke, und muss keine Emotionen zurückhalten. Niemandem vertraue ich mehr, niemand ist ehrlicher zu mir, gibt mir mehr Halt, Liebe und Sicherheit.

Okay, das klingt jetzt alles sehr nach Friede, Freude, Eierkuchen. Klar nervt die Schwester auch mal, die Eltern sind peinlich. Es gibt Tage, da streitet man sich nur, keiner macht es dem anderen recht und überhaupt will man nur seine Ruhe haben. Das gehört eben auch dazu. Und wenn wir doch mal ehrlich sind, eigentlich sind die Eltern doch ziemlich entspannt und cool drauf und die Schwester ist vor allem nach Stress mit den Eltern immer da und sowieso der größte Schatz auf Erden. Wir sollten niemals vergessen, zwischendurch einfach mal Danke zu sagen und unseren Liebsten zu zeigen, wie wichtig sie uns sind.

Danke, dass es dich gibt

Schreibe deiner Mama/Oma/Tante einen
Brief und sage ihr, welche Rolle sie in deinem
Leben spielt.

ICH KAUFE EINE STRASSE:

Spielen verbindet!

Lass einfach mal den Fernseher aus
und veranstalte einen Spieleabend
mit deiner Familie – ganz wie in alten
Zeiten, mit Monopoly, Mensch ärge-
re dich nicht oder auch Tabu.
Das macht Spaß und verbindet.

Der »Inner Circle«

Wer sind deine drei besten Freunde? Unternimm etwas mit ihnen, was du vorher noch nie gemacht hast. Erinnere dich daran, wann und wie du sie kennengelernt hast.

-
-
-
-
-

MACH'S RUHIG ÖFTER:

Greif zum Hörer!

Statt bei WhatsApp zu schreiben, kannst du deine Freunde anrufen. Auch wenn es sich nur um eine Kleinigkeit handelt, können sich so schöne Gespräche entwickeln.

Schluss damit!

Werde dir klar, wer die »Energiesauger« und die Manipulatoren in deinem Leben sind. Also zum Beispiel eine Freundin, die sich immer nur bei dir ausheult, aber nie für dich da ist. Oder Leute, die sich nur melden, wenn sie etwas von dir wollen, und dich für ihre Zwecke einspannen. Trenne dich von ihnen, denn sie tun dir nicht gut. Eine gute Freundschaft sollte immer aus Geben und Nehmen bestehen.

Freundschaften wollen gepflegt werden.

WERTVOLLE TIPPS, WIE DAS GANZ EINFACH GELINGT:

1. Es gibt auch Zeiten, in denen man mal weniger Zeit hat, aber grundsätzlich gilt: Kontakt halten ist unheimlich wichtig für eine stabile Freundschaft.

2. Achte darauf, dass das Gleichgewicht zwischen Geben und Nehmen immer ausgewogen ist, sonst kommt sich einer schnell ausgenutzt vor.

3. Sei zuverlässig – nichts ist schlimmer, als wenn man zum verabredeten Zeitpunkt wartet und keiner auftaucht.

4. Geburtstag, Jahrestag oder wichtige Prüfung? Denk an diese Termine und lass es deine Freundin/deinen Freund auch wissen.

Crazy People

KOPIERE ODER BASTLE DIESE LUSTIGEN UTENSILIEN, SCHNEI-
DE SIE AUS, KLEBE SIE AN EINEN DÜNNEN HOLZSTAB UND
BITTE DEINE FAMILIE ODER DEINE FREUNDE, FOTOS DAMIT ZU
MACHEN. KLEBT SIE HIER EIN ODER POSTET SIE IM INTERNET.

Schreibe eine Liste, wer dir in deinem Leben viel bedeutet und warum.

GEH ZU DIESEN PERSONEN UND BEDANKE DICH BEI IHNEN FÜR IHRE UNTERSTÜTZUNG.

Nimm dir mit deiner besten Freundin einen Moment Zeit

UND FÜLLT GEMEINSAM DIESE LISTE AUS:

Unsere Lieblingssongs:

Unser Lieblingscafé:

Mein/dein Lieblingslippenstift:

Mein/dein Kosename in der Familie:

Mein/dein Lieblingsurlaubsort:

Mein/dein Lieblingsfach:

Unsere gemeinsame Lieblingsserie:

Das möchte ich unbedingt mal mit dir machen:

»Streit-Guide«

1. Hast du ein kritisches Gespräch mit jemandem zu führen, verabredet euch am besten »auf neutralem Boden«, zum Beispiel zu einem Spaziergang. In Bewegung fällt es oft leichter, über unangenehme Themen zu sprechen.

2. Streits sollten am besten nicht abends stattfinden. Man geht sonst viel zu aufgewühlt ins Bett und sagt übermüdet vielleicht auch Dinge, die man gar nicht so meint.

3. So schwer es dir fällt, versuch dich in den anderen hineinzuversetzen und seine Position zu verstehen. Vielleicht hilft dabei, einfach mal die Plätze zu tauschen.

Keine Lügen!

Sei einen Tag lang ganz ehrlich – zu dir selbst und auch zu anderen. Welche Erfahrungen machst du damit?

Weiß du noch?

Schau dir mit deiner Schwester oder deinem Bruder alte Kinderbilder an und erinnere dich an die schönsten Erlebnisse in eurer Kindheit. Trage deine Erinnerungen hier ein.

Liste deine Lieblingsbücher auf

und empfiehl sie deinen Freundinnen. Erkläre ihnen auch,
warum du sie so gern magst.

LISA-MARIE:
Gerade stehen diese Bücher
ganz oben auf meiner Liste:
1. Alle Bände von *Harry Potter*
2. Kerstin Gier – *Silber – Das
   erste Buch der Träume*
3. Sebastian Fitzek – *Das Paket*

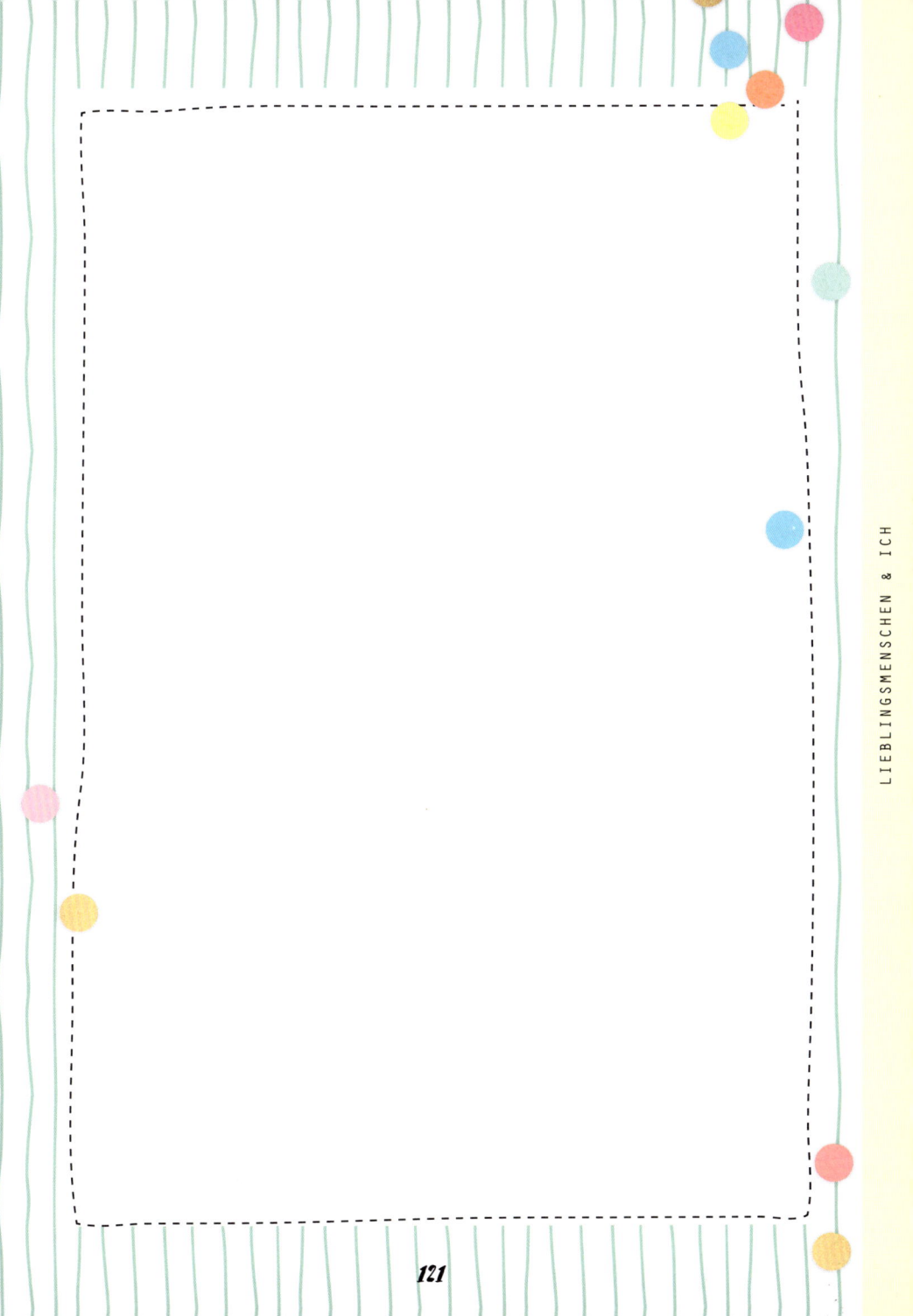

Girlpower

NUR WEIL DU EINE FEMINISTIN BIST,
BIST DU IMMER NOCH EINE FRAU.

*H*at dir auch schon mal jemand gesagt, dass du etwas nicht kannst oder machen darfst, weil du ein Mädchen bist? Wahrscheinlich hast du es nicht verstanden, fandest es unfair oder warst unsicher und entmutigt. Vielleicht hast du dich aber auch herausgefordert gefühlt, wolltest es allen erst recht zeigen und beweisen, dass du alles schaffen kannst, wenn du es nur willst. Das Traurige ist, dass manche Leute dich auch als erwachsene Frau aufgrund deines Aussehens und deines Geschlechts verurteilen, benachteiligen und diskriminieren werden. Du wirst es manchmal schwerer haben als Männer, obwohl es nicht gerechtfertigt ist. An diesem Punkt kommt der Feminismus ins Spiel. Eigentlich eine tolle Sache, denn Frauen und Männer, Mädels und Jungs setzen sich gemeinsam für die Gleichberechtigung, Emanzipation und gegen den Sexismus ein. Aber wenn ich mich in letzter Zeit so umhöre, dann scheint die Bewegung ein negatives Image zu haben. Einige denken an Frauen, die Männer hassen, unrasierte Achselhöhlen, radikales Gezicke oder sind der Meinung, dass man über die Thematik nicht mehr reden bräuchte, weil es unbequem und nervig ist. Vorurteile, die junge Mädchen davon abhalten, sich für ihre Rechte einzusetzen. An dieser Stelle muss ich ganz deutlich sagen: Nur weil du eine Feministin bist, bist du immer noch eine Frau. Du verlierst dadurch nicht deine Weiblichkeit, musst nicht auf Röcke und kurze Hosen verzichten und darfst dir trotzdem von deinem Date die Tür aufhalten lassen. Und alle, die meinen, über Feminismus müsste man nicht mehr sprechen, sind meiner Meinung nach ziemlich weltfremd und ignorant. Es kann nicht »nerven«, wenn du dich für deine Rechte einsetzt, außer diese Menschen fühlen sich in ihrer Position angegriffen. Momentan kann man nicht genug über die ungerechte Bezahlung der Frau, den täglichen Sexismus in den Medien, die Diskriminierung, die Chancenungleichheit im Alltag und die Benachteiligung sprechen. Feminismus ist heutzutage nicht mehr bissig, radikal und verklemmt, sondern stark, kreativ, sexy, humorvoll und selbstbewusst und längst nicht mehr nur eine reine Frauensache. Zum Glück gibt es auch viele männliche Geschöpfe, die verstehen, dass beide Seiten von einer längst überfälligen Veränderung profitieren. Also mach dir Gedanken, wie du deinen Teil dazu beitragen kannst, und lass dir von niemandem sagen, was du machen, schaffen und werden kannst! Und noch eine wichtige Message zum Schluss: Haltet zusammen! Frauen müssen sich wieder füreinander einsetzen, anstatt sich gegenseitig zu bekämpfen und zu versuchen, sich gegeneinander auszustechen. Wir müssen aneinander glauben, unsere Individualität feiern, uns inspirieren und uns den Rücken stärken.

Wer sind deine drei Heldinnen und warum?

1.

2.

3.

LISA-MARIE:
Meine persönliche Heldin ist Emma Watson, denn sie ist nicht nur seit 2014 UN-Botschafterin für Frauen- und Mädchenrechte, sondern ruft in ihrer Kampagne »He for She« Jungen und Männer dazu auf, sich für die Gleichberechtigung der Frau einzusetzen.

Kann ich dich was fragen, Oma?

Sprich mit deiner Oma und frage sie, was sie gern geworden wäre, hätte sie die Wahl gehabt.

Sie hat's drauf!

Schaue dir an, welche Straßen in deinem Dorf oder deiner Stadt nach Frauen benannt sind, und finde heraus, was sie geleistet haben.

Was wünscht ihr euch für mich?

FRAG DEINEN VATER NACH DREI TRÄUMEN, DIE ER FÜR DICH HAT, UND BESCHÄFTIGE DICH MIT IHNEN. MACH DAS GLEICHE MIT DEINER MUTTER. WAS FÄLLT DIR DABEI AUF?

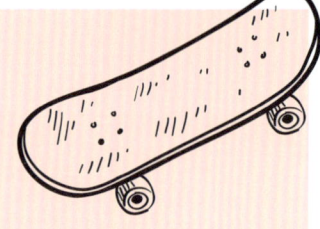

Von wegen, das ist nur was für Jungs!

Was können Jungs besser als Mädchen? Probiere einfach mal aus, ob das überhaupt stimmt.

1.

2.

3.

4.

5.

If I were a boy

Tausche einen Tag lang mit einem Jungen
die Rollen. Tausche dich mit ihm über eure
Erfahrungen aus.

Wusstest du, dass Alltagsprodukte für Frauen,
wie zum Beispiel Rasierschaum, um zwanzig
Prozent teurer sind als solche für Männer?

FACT

Welche Rechte und Freiheiten sind dir als Frau besonders wichtig?

DAS MACHT DICH SICHERER:

Wehr dich!

Wie wäre es mal mit einem Selbstverteidigungskurs? In dem Kurs lernst du nicht nur verschiedene Techniken, sondern du wirst auch selbstsicherer, weil du weißt, dass du nicht unterlegen bist und dich im Notfall wehren könntest.

Welche Dinge machen deine weibliche Seite aus?

TRAGE DEINE GEDANKEN DAZU EIN:

1.

2.

3.

4.

5.

> **LISA-MARIE:**
> Ich kann in meinen Emotionen versinken, sie im ganzen Körper spüren und mich von ihnen bewegen lassen, das macht für mich meine Femininität aus.

Gemeinsam stark!

Gründe einen Girls-Club. Trage hier ein, was die Inhalte eurer Treffen sein könnten. Eine Idee für ein erstes Treffen könnte doch sein, ein T-Shirt mit einem coolen Girlpower-Spruch zu entwerfen. Macht ein Foto von euch und postet es auf Instagram – spread the girlpower!

hello

GIRLS RULE

yes!

Beobachte Jungs,

wie sie sich in einer Arbeitsgruppe, zum Beispiel in einer gemeinsamen Referatsrunde, verhalten. Bestimmt fällt dir auf, dass sie oft kein Problem damit haben, ihre Meinung ganz offen kundzutun, und auch fest hinter dem stehen, was sie sagen. Achte also beim nächsten Mal ganz bewusst darauf, ob dir das auch so leicht fällt. Eine gerade Körperhaltung, das Sprechen mit fester Stimme und auch das Vermeiden von abschwächenden Worten wie »vielleicht«, »möglicherweise« oder »es könnte sein« werden dir sicherlich dabei helfen.

KLUG KONTERN: TIPP

Schlag sie mit Humor!

Kommt dir ein Typ blöd mit einem Spruch à la »Typisch Frau«, kontere selbstbewusst mit: »Aber klar, smart und dazu noch echt gut aussehend!« Auf dumme Sprüche reagierst du am besten gelassen und mit Humor, so schlägst du den Typen mit seinen eigenen Waffen!

Hübsches Mädchen!

SCHMINKE DEINEN BESTEN FREUND. MACHT GEMEINSAM EIN SELFIE. UND KLEBT ES HIER EIN.

LISA-MARIE:
Unterstützt euch gegenseitig, denn Frauen müssen zusammenhalten. Seht euch nicht als Konkurrenz, denn gemeinsam habt ihr mehr Power als allein.

Klebe dein Foto hier ein

Was willst du mal anders machen als deine Eltern?

NOTIERE DEINE GEDANKEN DAZU HIER:

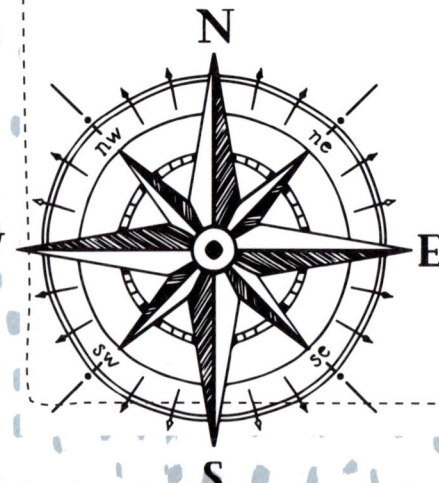

Coole Schule

GLAUBST DU AN DICH?
DANN WIRST DU ES ROCKEN!

*G*anz ehrlich? Ich bin nie wirklich gern zur Schule gegangen, was wahrscheinlich daran lag, dass ich nebenbei gedreht habe. Ich wusste, dass es damals wichtigere Dinge als Mathematik, Biologie und Deutschunterricht für mich gab. Mein absolutes Hass-Fach: Chemie. Dicht gefolgt von Physik und Mathematik. Das lag teilweise an den Lehrern, meistens jedoch einfach am Stoff. Latein war für mich anfangs der Horror, machte mir ab der achten Klasse aber immer mehr Spaß.

Meine Gemütszustände in Bezug auf die Schule schwankten zwischen unmotiviert, hochmotiviert und totalem Nervenzusammenbruch. Die Unterrichtstage waren immer zu lang, die Ferien viel zu kurz. Trotzdem habe ich mein Abitur gemacht und es bis zur letzten Sekunde durchgezogen. Und das, obwohl ich in der elften Klasse kurz davor war, hinzuschmeißen und mir einfach mein Fachabitur anerkennen zu lassen. Aber wer gibt schon kurz vor dem Ziel auf? Alles, was danach kam – die Vorbereitungskurse, das Vorabitur und die eigentlichen Prüfungen –, war nur halb so wild und wirklich kein Grund, Angst zu haben. Ich stand während der Prüfungszeit vor der Kamera, hab nur halbherzig gelernt und trotzdem ein gutes Zweier-Ergebnis erzielt.

Damit möchte ich nicht sagen, dass ihr euch nicht auf euren Abschluss vorbereiten sollt, sondern dass eure Einstellung wichtiger ist: Glaubst du an dich? Dann wirst du es rocken! Du wirst vielleicht etwas nervös sein, aber weißt, dass du das Wissen im Kopf hast, und vertraust dir. Nur wenn du an dir selbst zweifelst, den Kopf verlierst, wird es in die Hose gehen. Ein Satz, den mir meine Mathelehrerin in der zehnten Klasse mitgegeben hat: »Man muss Mut zur Lücke haben.« Beispiel: Du schreibst die Woche vier Tests und auch noch eine Klausur. Ein Test davon ist in Musik. Eigentlich bist du super in Musik, aber du schaffst es einfach nicht zu lernen, dann hab Mut zur Lücke. Diese eine schlechte Note wird deinen Durchschnitt nicht runterziehen. Außerdem hast du dadurch mehr Zeit für die wichtigeren Fächer. Setz dich selbst nicht so unter Druck. Erstelle dir einen guten Lernplan, organisiere dich mit Freunden in Lerngruppen oder finde heraus, wie du am besten Wissen in deinen Kopf bekommst.

Du brauchst einen Kick?

ÜBERLEGE DIR KLEINE MOTIVATIONSHILFEN FÜR DAS LERNEN UND SCHREIBE SIE HIER AUF.

Hast du super Lerntipps? Teile sie auf Instagram. Vielleicht findest du unter unserem Hashtag #lasskonfettifürdichregnen auch noch Tipps, die dir weiterhelfen.

1. Nach einer Lerneinheit gönne ich mir ein Kapitel aus meinem Lieblingsbuch.

2. Nach einer gelösten Matheaufgabe nasche ich ein Stück meiner Lieblings-schokolade.

3.

4.

5.

6.

Zeig mir den Weg

Such dir eine Mentorin. Überlege, welche Frauen in deinem Umfeld Vorbilder für dich sind, und bitte sie um ein Gespräch über deine Zukunft.

SCHNAPP DIR 'NE GUTE NOTE:

Finde dein Thema!

TIPP

Achte darauf, dir für deine Facharbeit ein Thema zu suchen, das dich auch wirklich interessiert, denn du musst dich damit monatelang beschäftigen. Wenn dir das Thema wirklich liegt, ist es eine gute Möglichkeit, noch mal easy eine gute Note rauszuholen.

Macht sich auch super im Lebenslauf

Informiere dich in deiner Stadt, welche Möglichkeiten der ehrenamtlichen Hilfe es gibt, und engagiere dich neben der Schule, dadurch könntest du gleichzeitig auch merken, wo deine Stärken und Schwächen liegen.

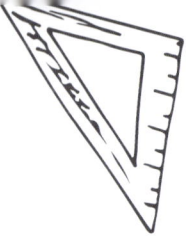

Was magst du?

RELIGION – PHILOSOPHIE

MATHE – DEUTSCH

KÄSESTULLE – APFEL

THEATERGRUPPE – CHOR

GEDICHTVERGLEICH – ERÖRTERUNG

Wie schaffst du ein gutes Lernklima?

1. Gebe allen Bescheid, dass du nicht gestört werden willst.

2. Schalte dein Handy aus.

3. Lüfte den Raum gut durch.

4. Stelle dir genügend Wasser oder Tee und einen kleinen Snack bereit.

Wenn du magst, poste eigene Lerntipps in der Community!

Brainfit-Nüsse

2 Handvoll gemischte Nüsse
(z. B. Walnüsse, Mandeln, Sonnenblumen-
kerne, Kürbiskerne etc.)
1–2 TL brauner Zucker
gemahlene Gewürze deiner Wahl
(z. B. Zimt, Vanille, Kardamom, Salz etc.)

Setze eine große Pfanne auf den Herd und
stelle die Temperatur auf mittlere Hitze ein.
Gib die Nüsse hinein und lass sie ein paar
Minuten lang rösten – dabei immer schön
rühren, damit sie nicht anbrennen. Dann
streu den Zucker hinein und lass ihn ein paar
Minuten schmelzen, bis er karamellisiert und
gut duftet. Dann gib die Gewürze dazu und
rühre alles gut durch. Lass die Pfanne unter
ständigem Schwenken noch ein paar weitere
Minuten auf dem Herd stehen, dann verteile
die Nüsse zum Abkühlen auf einem mit Backpapier ausgelegten Backblech.
Wenn sie kalt und knackig sind, fülle sie in ein
Schraubglas ab, das du direkt auf deinen
Schreibtisch stellen kannst.

No fear – kein Grund für Prüfungsangst!

1. Lerne nicht bis zur letzten Sekunde. Schließe am Abend vor der Prüfung die Bücher rechtzeitig, lass dir eine schöne Wanne ein und gehe früh schlafen.

2. Halte dich kurz vor der Prüfung von »Stressern« fern, also Leuten, die dir vorbeten, was sie alles gelernt haben, und dir Angst machen, dass du etwas vergessen hast. Bleib ganz für dich und atme lieber dreimal tief durch.

3. Stell dir deinen Lehrer in Unterhosen vor, so musst du schmunzeln und bist etwas abgelenkt von deinen Ängsten.

4. Lies dir die Aufgaben möglichst in Ruhe und gründlich durch und fange mit der leichtesten an. Das gibt dir Selbstvertrauen für alle weiteren Herausforderungen.

WIE DU LERNFIT WIRST:

Mit guter Organisation!

Meine Tipps für effektives Lernen: Erstelle dir zuerst eine Liste mit Prioritäten, also die Dinge, die am wichtigsten sind und somit am schnellsten erledigt werden müssen. Um sich den Stoff besser merken zu können, fasse ihn auf kleinen Lernkarten zusammen. Such dir Freunde, mit denen du Lerngruppen bilden kannst – das macht mehr Spaß und ihr könnt euch gegenseitig helfen.

Superstar, Astronautin, Künstlerin ...

Stichwort Berufswahl: Liste auf, wo deine Interessen liegen – und zwar ganz ohne die kleine Stimme im Hinterkopf, die dir einflüstert: »Das wird doch eh nichts!« Vielleicht erinnerst du dich ja auch daran, was du als Kind werden wolltest?

Ich träume von diesen Abenteuern:

ERSTELLE EINE LISTE DER DINGE, DIE DU SCHON IMMER MAL TUN WOLLTEST. NACH DER SCHULE IST GENAU DIE RICHTIGE ZEIT DAFÜR – VIELLEICHT HILFT DIR DAS AUCH, DEINEN TRAUMBERUF ZU FINDEN!

1. Arbeiten in einer Tierauffangstation in Afrika

2. Känguru streicheln

3. Roadtrip durch Skandinavien

4.

5.

6.

7.

8.

9.

Lebe deine Träume

ES LOHNT SICH, SICH AB UND ZU MIT SEINEN WÜNSCHEN
UND TRÄUMEN AUSEINANDERZUSETZEN.

Während meiner Schulzeit wollte ich nie ein Austauschjahr im Ausland machen. Für mich gab es zu viele Gründe, die dagegensprachen. Zu einem hatte ich ein Pferd, um das ich mich kümmern musste und wollte, zum anderen hatte ich keine Lust, noch ein Jahr länger zur Schule zu gehen. Aber der ausschlaggebendste Punkt war wohl einfach der, dass ich nicht allein sein wollte, ohne meine Familie und ohne Freunde.

Mittlerweile sehe ich die Dinge aber etwas anders, was bestimmt auch ein wenig an dem Umzug nach Berlin liegt. Irgendwie habe ich das Gefühl, dass mich die Stadt aus der Reserve gelockt hat und mich mutiger macht, neue Dinge auszuprobieren und spontaner zu sein. Ich bin zum Beispiel das erste Mal wirklich allein verreist und war ein paar Tage ganz ohne Begleitung in Italien. Ich kann nur sagen: Es war unglaublich schön! Ich hatte viel Zeit für mich, konnte die Stadt auf eigene Faust und in Ruhe erleben und habe in Restaurants tolle Unterhaltungen mit Menschen geführt, die ich vorher noch nie gesehen hatte. Schon als ich gelandet bin, wusste ich, dass ich wieder nach Italien zurückkommen und vor allem die Sprache lernen möchte.

Nach meinem Kurzurlaub ist in mir ein schöner Gedanke gereift: Irgendwann lebe ich hier. Ich kann mich sehen, wie ich in meinem kleinen Landhaus sitze, italienische Gerichte koche, morgens meine Hühner füttere und abends mit meinen Katzen durch den Garten voller Oliven- und Zitrusbäume spaziere. Klingt doch ziemlich romantisch, oder? Das ist aber nur eine Variante der Vorstellung über meine Zukunft. Denn eigentlich bin ich sehr gespannt, was die nächste Zeit so bringen wird, welche Möglichkeiten sich bieten und was ich noch alles erleben werde. Schließlich hätte ich auch niemals gedacht, dass ich mit 19 Jahren ein Buch schreiben werde.

Es lohnt sich, sich ab und zu mit seinen Wünschen und Träumen auseinanderzusetzen und sich Gedanken zu machen, wie man seine Ziele verwirklichen kann. Dabei macht es gar nichts, manchmal auch nur so »herumzuspinnen« – dabei kommen oftmals Dinge an die Oberfläche, die dir vielleicht sonst niemals in den Sinn gekommen wären, weil du dich nicht getraut hast, sie zuzulassen. Also halte immer die Augen offen, überrasche dich selbst und lass deine Träume wahr werden!

Welche zehn Orte möchtest du in deinem Leben besuchen?

1. ....
2. ....
3. ....
4. ....
5. ....
6. ....
7. ....
8. ....
9. ....
10. ....

Hold on to your dreams!

SCHREIBE DEINE BUCKET-LIST, ALSO EINE LISTE MIT DINGEN, DIE DU IN DEINEM LEBEN MAL TUN, ERLEBEN, ERREICHEN WILLST.

Frag das Traumorakel

Lege ein hübsches Notizbuch und einen Stift neben dein Bett und führe gleich morgens nach dem Aufwachen ein Traumtagebuch.

Du hast es in der Hand

Bastle deine »Ich-Welt«: Kaufe dir eine Leinwand – ein großer Pappkarton reicht auch schon – und klebe motivierende Sprüche, Bilder, Farben, Fotos und vieles mehr darauf. Ein echtes »Moodboard« über dein Inneres. Hänge es über dein Bett und lass es immer weiter wachsen.

Der perfekte Tag

STELLE DIR DEINEN PERFEKTEN TAG VOR UND ZEICHNE DIE
PERFEKTE VORSTELLUNG IN DIESES BUCH:

Home sweet home

LERNE DEINE EIGENE STADT KENNEN: BUCHE EINE BUSTOUR DURCH DEINE STADT UND SCHREIBE AUF, WAS DU NOCH NICHT WUSSTEST UND WAS DU BESONDERS INTERESSANT FANDEST.

-
-
-
-
-

Wie isst man einen Elefanten?
Stück für Stück

Überlege dir ein großes Ziel ...
... und drei kleine Schritte, die dich dahin führen. Notiere sie hier.

MIT ERFAHRUNG PUNKTEN:
Such dir Rat!

TIPP

Wenn du nicht sicher bist, wie du deinen Traum verwirklichen kannst
– zum Beispiel ein Auslandsjahr in der Schule oder eine große Reise –,
suche dir Leute, die das schon einmal gemacht haben, und hole dir
konkrete Tipps, wie du die Sache angehen kannst.

Wie/Wo siehst du dich in zehn Jahren?

Überwinde deine Ängste!

Wovor hast du Angst? Such dir eine Herausforderung, bei der du diese Angst überwinden musst. Ich habe zum Beispiel echte Höhenangst, deshalb gehe ich ab und zu klettern. Mache ein Foto davon und klebe es als Beweis für deinen Mut hier ein!

Positive Verstärkung

Schreibe am Sonntagabend deine Ziele für die kommende Woche so auf, als hättest du sie schon erreicht. Zum Beispiel: Ich habe jeden Tag eine Lektion im Englischbuch gelernt, war jeden zweiten Tag mit dem Hund spazieren usw.
So bekommst du gleich das Gefühl, etwas geschafft zu haben, und hast viel mehr Motivation, deine Pläne auch umzusetzen.

Das möchte ich heute (!) schaffen:

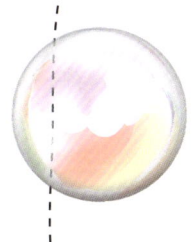

ZU ZWEIT MACHT'S MEHR SPASS:

Team up!

TIPP

Rede mit deiner besten Freundin über deine Ziele. Vielleicht habt ihr ja ein ähnliches Ziel, das ihr zu zweit leichter erreichen könnt.

Dein Wegbegleiter

SIEH DIR DAS BUCH IN EINEM JAHR NOCH MAL AN UND PRÜFE, WAS SICH VERÄNDERT HAT UND WAS DU ERREICHT HAST. ÜBERLEGE, OB DIE DINGE, DIE DU EINGETRAGEN HAST, IMMER NOCH AUF DICH ZUTREFFEN.

LEBE DEINE TRÄUME

Jede Reise hat mal ein Ende ...

...aber diese hier ganz und gar nicht! Auch wenn du jetzt am Ende dieses Buches bist, jede Seite prall gefüllt mit deinen Gedanken, Gefühlen, Fotos, Zeichnungen und noch vielem mehr ist, wird es immer weitergehen. Denn du wirst dich weiterentwickeln. Vielleicht hast du in einem Jahr oder in drei Monaten Lust, das Buch noch einmal aufzuschlagen und dir anzuschauen, was du über bestimmte Themen gedacht hast. Möglicherweise wirst du lachen, über die Styles, die dir am besten gefallen haben oder die Bilder, die du mit deinen besten Freunden und deiner Familie gemacht hast. Vielleicht möchtest du noch mal in deinen Erinnerungen schwelgen.

Du kannst deine Einträge aber auch nutzen, um zu sehen, ob du ein paar Schritte mehr auf die Erfüllung deiner Träume zu gegangen bist oder ob dich einige der Herausforderungen stärker und mutiger gemacht haben.

Die freien Seiten, die nun folgen, schenken dir Platz für neue Eintragungen, Ideen und Gedanken, sodass dir auch in Zukunft dein persönliches »Konfetti« nie ausgehen wird und du dich immer weiter selbst feiern und gut zu dir sein kannst. Denk immer daran: Sei du selbst und nicht perfekt!

Notizen

165

Notizen

Danke

Das Buch trägt zwar meinen Namen, aber es waren viele Menschen daran beteiligt, die mich unterstützt, ermutigt und mir auch manchmal in den Hintern getreten haben. Ich bin unheimlich dankbar für all euren Input, eure Kreativität und eure Liebe, die diese Seiten füllen. Jeder von euch hat großartige Arbeit geleistet, und ich bin mächtig stolz auf uns!

Mein erster Dank gilt meinen Eltern, die immer für mich da sind, Tag und Nacht ein offenes Ohr haben und die von Anfang an die Idee dieses Buch zu schreiben, geglaubt haben. Mama, Papa – ich liebe euch!

Ohne das letzte Wort meiner Schwester Lara-Sophie würde »Lass Konfetti für dich regnen« heute ganz anders heißen. Du hast das Schiff quasi getauft und mir damit bei einer der wichtigsten Entscheidungen geholfen. Danke große, kleine Schwester!

Ein riesiges »Danke« geht natürlich an den großartigen Verlag Eden Books, sein Team und insbesondere an dich, liebe Jennifer Kroll! Ihr habt mir diese wunderbare Möglichkeit gegeben und mich sofort mit eurem Feuer angesteckt. Denn ihr habt von Beginn an für dieses Projekt gebrannt und fest an mich geglaubt. Trotz Zeitdruck konnte ich immer auf eure Geduld und euer Verständnis setzen. Danke für euer Vertrauen.

Genauso Boriana Rosenmüller, die mir weiterhalf, wo sie nur konnte und mir immer mit Rat und Tat zur Seite stand. Liebe Bo – danke für deine Unterstützung und dafür, dass du dich jederzeit für meine Wünsche und Ansichten eingesetzt hast.

Liebe Julia Bauer, ich vermisse unsere wöchentlichen Treffen und unser Brainstormen. Für mein erstes Buch hätte ich mir keine bessere Redakteurin wünschen können. Danke, dass du mich auf dieser Reise begleitest hast und das Buch zu etwas ganz Besonderem gemacht hast. Ich drücke dich!

Du warst der Erste, der die Kapitel lesen durfte, und du warst auch der Erste, dem ich das Layout gezeigt habe, lieber Philip. Deine Meinung war mir eine der wichtigsten, denn du warst derjenige, der mich dazu gebracht hat, mich noch mehr mit dem Buch und den Texten auseinanderzusetzen. Danke für deine ehrlichen Worte, deine Kritik und unsere Freundschaft!

Danke an die beste Fotografin der Welt, Elsa van Damke, für das wunderschöne Cover-Bild und all die anderen tollen Fotos, die du geschossen hast! Ich bin ein riesiger Fan von dir und deiner Art – love it!

Liebe Katja Vogt, du hast das Buch mit deiner Kreativität und deiner Liebe fürs Detail erst zudem gemacht, was es jetzt ist. Dafür bin ich dir wirklich unendlich dankbar!

Und zu guter Letzt – ein mega »Danke« an euch, liebe Leser! Ihr haucht dem Buch Leben ein und macht jedes einzelne zu einem ganz besonderen Unikat. Vielen Dank für eure Unterstützung und euer Vertrauen.

Bildnachweis

FOTOS:

S. 6, 8, 22, 60, 63, 64, 85, 98, 122, 132, 148, 160: © **Elsa van Damke**

S. 10, 12, 16, 18, 20, 21, 24, 34, 38, 48, 53, 54, 55, 66, 72, 76, 80, 86, 88, 89, 90, 93, 95, 108, 111, 113, 117, 119, 128, 131, 138, 141, 150, 154, 156, 157: © **Lisa-Marie Koroll**

ILLUSTRIERENDE ELEMENTE : ©SHUTTERSTOCK:

Impressum

Lisa-Marie Koroll
Lass Konfetti für dich regnen!
Sei glücklich, nicht perfekt!
ISBN: 978-3-95910-138-7

Eden Books
Ein Verlag der Edel Germany GmbH
Copyright © 2017 Edel Germany GmbH, Neumühlen 17, 22763 Hamburg
www.edenbooks.de | www.facebook.com/EdenBooksBerlin |
www.edel.com
5. Auflage 2018

Vermittlung und kreative Begleitung: Boriana Rosenmüller

Projektkoordination: Nina Schumacher
Textredaktion: Julia Bauer
Layout und Umschlaggestaltung: Katja Vogt
Umschlagfoto: Elsa van Damke
Satz und Layoutumsetzung: Datagrafix GmbH, Berlin
Druck und Bindung: optimal media GmbH, Glienholzweg 7, 17207 Röbel/
Müritz

Um die kulturelle Vielfalt zu erhalten, gibt es in Deutschland und in Österreich
die gesetzliche Buchpreisbindung. Für Sie, liebe Leserin und lieber Leser, bedeutet das, dass Ihr verlagsneues Buch jeweils überall dasselbe kostet, egal,
ob Sie Ihre Bücher gern im Internet, in einer großen Buchhandlung oder
beim kleinen Buchhändler um die Ecke kaufen.